ガバナンスと評価　10

政策と行政の管理

——評価と責任——

湯浅 孝康 著

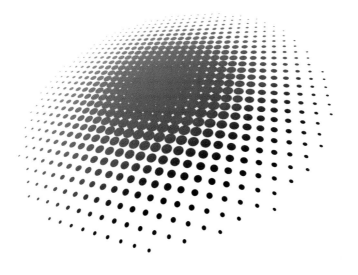

晃洋書房

目　次

序　章 ┃ 形骸化する管理

　公共部門の人員不足を一因とする政策の失敗は年々増加し，また多様化している．中央省庁に勤務する官僚が激務であることは知られるようになったが，一部の地方公務員も同様の状況にあり，両者の働き方は「ブラック公務員」と揶揄されることもある．また，2020年初頭から世界規模で感染が拡大しているCOVID-19（新型コロナウイルス）への対応をめぐり，日本では日々の暮らしを支えるエッセンシャルワーカーが注目されるとともに，人員不足に起因した過酷な労働環境が明らかになっている．公共部門においては，いわゆる非正規公務員の増加や専門知識の欠如による対応力不足が以前から指摘されていたが，COVID-19を契機として，われわれ国民の安心・安全を担保するはずの行政の対応力に対して大きな疑問が投げかけられている．

　こうした問題の背景の1つに，これまで急速に進められてきた公共部門の効率化改革が存在する．バブル経済の崩壊以降，日本では国だけでなく多くの地方自治体で財政赤字が続いている．たとえば国では1994年以降，公共事業費以外の借金である特例公債の残高は増加の一途をたどっている．そして，建設国債である第4条公債残高と復興債残高を含めた総公債残高は2019年度末で一般会計税収の約14年分に相当する897兆円にのぼると見込まれている［財務省2019］．財源の多くを国に依存する地方自治体も含め，こうした危機的な財政状況を受けて，中央府省や自治体では既存の政策の見直しや人員削減によって予算の効率化が進められてきた．

　ところで，この公共部門の効率化改革は適切に進められてきたのであろうか．

本書の最大の関心はこの「効率化」にある．具体的には，そもそも効率とはどのような概念であるのか，効率化はどのように実施・評価されたのか，そしていかなる帰結をもたらしたのかに問題意識を持っている．これらについて，本書では評価の視点を中心に1990年代以降の効率化改革について考察した．本来多様な機能や役割をもっている評価が日本では効率化の手段として活用することが主流となり，そればかりか効率化が形式的であるために政策の有効性を阻害する負の効果をもたらしているからである．いいかえれば，本書は「マクロな戦略」である日本の政治行政の失敗に対して，「ミクロな現場」である自治体の観点から批判的に検討したものである．

　本書では，1990年代から現在までの日本における公共部門の効率化改革は失敗であったと結論付ける．この効率化改革は，1980年代に世界的に流行したNPM（New Public Management, 新公共経営）の影響を受けており，とくに1990年代以降，その影響は強く見られるようになった．NPMはその名のとおりマネジメントの改革であるが，日本ではメゾまたはマクロレベルであるアドミニストレーションとミクロレベルである自治体の現場のマネジメントが混乱していたため，NPMをアドミニストレーションに適用しようとする政治潮流が生まれた．アドミニストレーションとは行政（または公行政）と経営（または私経営）を包括する上位概念である［手島 1999：2-3］．もちろんアドミニストレーションの評価規準は効率ではないが，日本ではこの政治潮流によって国家戦略を誤り，効率一辺倒の評価規準をトップダウンで強制した．その結果，行政の現場において建前と実態が乖離し，冒頭で述べたさまざまな問題を引き起こす大きな要因となったと推察する．

　本書の構成と各章の概要は次のとおりである．第1章は効率概念そのものの意味と日本における受容と混乱，そして効率が現場にもたらしたひずみについて明らかにする．「効率」とは 'Efficiency' の訳語であるが，行政学では伝統的に「能率」と訳されてきた言葉であり，アメリカからの強い影響が存在する．この歴史的な経緯が見落とされたまま現代の日本では効率化改革が進められて

いる現状から，まず効率概念について整理する．また，効率的であるかどうか
の判断は評価の一種であることから，評価における効率の取扱いを確認するた
め，日本における政策評価制度の導入と経過について確認する．

　第2章では効率を担保させるための評価のあり方をアカウンタビリティの視
点から検討する．「とらせる」責任であるアカウンタビリティを確保するため
にはさまざまな条件が必要であるが，日本ではそうした理解が不十分であるた
め，責任をとらせることが難しくなっている．また，政策と管理，どちらの責
任をとらせるのかという対象の問題についても十分に検討されていないため，
評価は機能不全に陥っている．その不幸な日本の評価制度の歴史を確認する．

　第3章では評価が持つ役割や機能の視点から，効率化改革が日本の評価制度
に与えた影響について述べる．評価を実施する大きな目的の1つは評価対象の
改善にあるが，政策の有効性を高めるためには政策そのものを改善すべきなの
か，政策を支える諸活動や資源を改善すべきなのかを判断することは重要であ
る．前者は政策評価，後者は管理評価であるが，NPMの影響を受けた政治か
らの強い働きかけによって，日本の評価において上記の区別はあいまいになっ
た．このことについて実例をあげながら検討する．

　第4章では日本でのNPMによる政治潮流がもたらした問題の事例研究の1
つとして，自治体の臨時・非常勤職員の制度改革を取りあげる．2020年4月1
日から自治体の臨時・非常勤職員制度の改正が実施されたが，制度改正の発端
となった臨時・非常勤職員の増加の原因は正規職員の削減にある．NPMをア
ドミニストレーションに適用しようとする政治潮流によって内容をともなった
効率化を実施せず，形式的に正規職員を削減したのである．そして，恒常化し
ている自治体の財源不足から改正の効果はあまり期待できないばかりか，雇い
止めや正規職員の負担増などのおそれも懸念される．このことから，組織管理
の改善と公務員制度全体のデザインの見直しの必要性を述べる．

　第5章では日本でのNPMによる政治潮流がもたらした問題のもう1つの事
例研究として，自治体の働き方改革を取り上げる．自治体において働き方改革

が進まない背景には，人事行政における統制機能の脆弱さが存在する．NPM
による政治潮流の影響から，建前と実態が乖離した形式的な労務管理が横行し
てきたのである．都道府県や政令指定都市においては人事委員会にチェックの
役割が与えられているが，人事委員会はその機能を十分に果たせていない．こ
のように，業務の効率化が当事者任せでは機能しがたい現状について説明し，
人事委員会の権限強化による形式的な効率化や組織管理について，アカウンタ
ビリティの視点から問題の解決が必要であることについて述べる．

　第6章では真の効率化を実施させるために重要な人事評価の現状について取
り上げる．人事評価の究極的な目的は，組織目的を達成するための望ましい行
動を職員に習慣化させ，理想的な職員像を実現させることにある．しかし，現
在の行政職員がこの理想的な姿であるとは言い難い．働き方改革と同様に，人
事評価をめぐる内部統制は機能不全に陥っており，行政内部での統制だけでは
不十分である．そこで，被評価者や議員，市民が人事評価に積極的に参加し，
職員の思考や行動を理想的な状態に近づけることが必要になる．これらについ
て，おもに参加型評価の知見を活用しながら述べる．

　最後の終章では本書全体の総括と今後の展望について述べる．社会で政策論
議を活性化させようとする試みが実施されていることとは対照的に，行政内部
では管理が形骸化している．民間のマネジメント手法を行政にそのまま導入す
れば成功するというストーリーは神話にすぎない．ガバナンスの必要性が説か
れて久しいが，その重要なアクターであるガバメント，ひいては「公」の再考
が必須である．過去の事例に学びながら，日本においてどうすれば管理の形骸
化を防げるのか，いいかえればどうすれば統制と責任が機能するのか，また両
者のバランスはどのようにとるべきかに関心を持ち続けることは重要である．
時代に応じた日本独自のアカウンタビリティとレスポンシビリティの在り方を
絶えず模索し，適切な管理を実施することは行政の義務であるとともに，公共
サービスを受ける市民の義務でもある．

第 1 章　評価規準としての効率概念

✚ は じ め に

　近年，「業務の効率化」や「予算の効率的な執行」など，効率という言葉が公共部門でよく使われるようになった．この背景には国・自治体を問わず慢性化している財政状況がある．ところで，効率とはどのような概念を指し，現在の日本においてその成否はどのように判断されているのだろうか．行政学や国家公務員法，地方公務員法，国家行政組織法に見られるように 'Efficiency' は伝統的に「能率」と訳されてきたが，近年では NPM の影響から「効率」と訳されることが多い．NPM は1920年代にアメリカで栄えた正統派行政学と類似する部分もあり，行政の管理改革の点では 'New' ではないが，その経験が顧みられることはほとんどない．また，現代においても 'Efficiency' は学問分野を横断した統一的な定義がなされておらず，1つの学問分野のなかでさえも論者によって多様である．日本の公共部門においてはこのような効率の歴史的な経緯や現状が理解されないまま効率化改革が進められている．公文書のなかでも「効率」という言葉が多用されているが，実際には効率の概念や評価規準は明確に定義されておらず，また効率のメリットやデメリットについても十分に検証されていない．このため，現場では期待したほどの成果が出ていない．この一例が評価である．多様である評価に効率ばかりを求めて本来評価がもっていた機能を矮小化させた結果，現場ではさまざまなひずみが生まれている．その

事例は独立行政法人評価をはじめ数多く存在する．本章では後述する政策と管理の違いに焦点をあてるため，政策評価への影響を取り上げながら日本の効率化改革について見ていく．

╂ 1．効率の用語法

（1）政策評価の手法等に関する研究会

　財務省は予算の効率化の手段として，2001年に制定された「行政機関が実施する政策の評価に関する法律」（以下，「政策評価法」と略）に基づいた評価結果の活用をあげている．なぜなら「効果的かつ効率的な行政の推進に資する」ことが政策評価法の目的の1つだからである（政策評価法第1条）．政策評価法によって法制化された政策評価制度の基本的な枠組みは「政策評価に関する標準的ガイドライン」［政策評価各府省連絡会議 2001］に示されている．このガイドラインの理論は旧総務庁行政監察局長の研究会として設置された「政策評価の手法等に関する研究会」［総務省 2009］で検討・構築された．同研究会では，1999年から2000年にかけて，7名の研究協力者と旧総務庁の職員によって政策評価の制度設計について意見が交わされた．[1]

　この研究会のなかで，評価と大きく関わる効率概念についても意見が交わされたが，その議事概要を見ると必ずしも意見が一致しているわけではない．[2]たとえば，第14回で研究協力者の山谷清志は「導入の目的でいう『国民本位で効率的な質の高い行政の実現』の『効率』と，国家公務員法や地方公務員法，地方自治法の第1条にいう『能率』とはどう違うか」と尋ねている．この質問に対し，総務庁職員で政策評価等推進準備室長であった若生俊彦は「ここでいう『効率性』は，政策の費用と効果の関係から捉えた社会経済全体の資源配分からみた効率に着目するものである．他方で，国家公務員法等に見られる『能率』というのは，政策を所与のものとして必要な事業量等をより少ない予算，人員等で実施することはできないかといった観点である」と答えている．この

回答に続いて，研究協力者の星野芳昭は「『能率』という言葉は今はあまり一般的でなく，『efficiency』の訳語としても従来は『能率』だったが現在は『効率』という言葉になっていることが多い」と発言している[3)].

　また，第7回では研究協力者の田辺国昭が「有効性（effectiveness）は，目標値に対してどこまで達成できたのかをみる概念であり，効率性（efficiency）は，インプットとアウトプットとの量的関係をみる概念．目的のうち，『国民本位で効率的な質の高い行政の実現』においてはおもに効率性のことを言っているのに対し，『国民的視点に立った成果重視の行政への転換』では有効性のことを言っているもの」と述べている．

　さらに，第15回では効率性の意味内容をめぐって研究協力者の久保惠一が「『効率性』の中には質が含まれるという事務局の説明であるが，効率性と質の高さは並列にすべき」と発言すると，研究協力者の奥野正寛が「『効率的』という語には，本来『質の高い』という意味が含まれるが，国民に分かりやすいように『質の高い』と明記する意義はある」と答えた．この回答に対して，研究協力者の金本良嗣が「国民と経済学者の持つ『効率性』の考え方が異なる．『効率的で質の高い』の効率性は狭義の意味で使われており，基準のところで使われている効率性は，経済学者が持つような広いイメージをもっている．この書き方で誤解はないのではないか」と述べるやりとりもあった．

　このように，効率概念については統一的な見解があるわけではなく，各研究協力者や旧総務庁職員のあいだで異なった理解がなされている．この理由の1つとして，研究協力者それぞれが専門とする各学問分野において効率概念の定義が異なることがあげられる．そこで，以下では経済学，経営学，会計学を例に出し，各分野において能率および効率という言葉がどのように用いられているか，それぞれの定義について簡単に紹介する．

（2）経　済　学

　経済学においては能率という言葉はあまり使われず，効率という言葉が多用

される．入門書や用語集で能率という言葉を探しても，たとえば能率給というように別の言葉の一部で見られるにとどまり，能率そのものの定義はなされていない．他方で，効率については「無駄のないこと」[伊東編 2004：263-64；矢野 2001：25]，あるいは「限られた資源を活用して国民の生活水準をできるだけ高い水準に押し上げること」[篠原・野間・入谷 2001：8] と定義されている．

シムとシーゲル（Jae K. Shim and Joe G. Siegel）は効率をさらに技術的効率性と経済的効率性に分類する．技術的効率性とは，利用可能な資源を最良に利用することによって企業，産業，経済が最大の産出量を達成するための条件である．他方，経済的効率性とは「効率的配分」「パレート効率性」とも呼ばれ，経済主体が技術的効率性を達成するのみならず，消費者が現在の所得と財およびサービスの最適な組合せを作り，それに基づいて消費者の選好を満足させる状況である [Shim and Siegel 1995：邦訳 87]．とくに後者はパレート最適とも呼ばれ，経済学の基礎概念となっている [金森・荒・森口編 2002：376]．また，効率の概念を広くとらえて，「国の富の大きさに関わる問題」[奥野編 2008：14]，「ある限られた資源を最も適切に活用することで，すべての経済主体の経済的な満足度を高くすること」[井堀 1996：5]，「生産と交換を通ずる社会的厚生が最も大きくなるとき，その財の市場は効率的である」[岩田 1993：203] と定義する場合もある．

（3）経　営　学

これに対して，経営学では逆に効率よりも能率という言葉が多用される．経営学では効率は単に「投入と産出の比率」[上林・奥林・團ほか 2007：31] と定義されるにすぎない．他方で，能率はバーナード（Chester I. Barnard）が提唱した定義を引用する場合がほとんどである．バーナードによれば，組織は協働体系から構成され，成立要素として共通の目的，伝達，協働意欲の３つが必要とされる．このような性質をもった組織を長続きさせる際に有効性と能率が求められる．

　この前提のもとで，能率はたとえば「求めない他の結果と求めた結果の比較考量をもとに動機がどれほど満足されたか，という動機満足の度合」［車戸編 1984：250：307-308］と定義され，組織への貢献によっていかに個人が満足を得られるかが問題とされている．このため組織はさまざまな誘因を提供し，この誘因と貢献のバランスがうまく保たれることで，個人が組織に貢献し続ける状態が能率的であると定義されている［片岡・齊藤・佐々木ほか編 2004：276］．

　ところで，先の研究会で効率と関連する概念として取り上げられた有効性については，経営学では「求めた結果がどれだけ目的に合致しているか，という目的に対する手段の選択という技術的問題」［車戸編 1984：250：307-308］，「組織目的が達成度と環境目的性をはかる尺度」［片岡・齊藤・佐々木ほか編 2004：276］と定義される．なお，一般的な概念と区別するため，能率を組織の立場からは有効性（効率），個人の立場からは以上で述べた限定的な意味に分類する場合もある［深山・海道・廣瀬編 2010：207-208］．

（4）会計学と会計検査院

　最後に会計学や会計検査院での用語法について触れておく．まず，会計学の辞書では能率と効率の両方の文言が見られる．能率は「能率監査（efficiency audit）」という用語で存在し，「各部課における経営活動が正しく計数的に確保されているか，その実績と標準量・予定量・責任量と比較して達成度いかんを検討して，経営能率に資するもの」［神戸大学会計学研究室編 2007：968］と定義されている．他方で，効率は「効率性（監査）（efficiency）」という用語で存在し，「監査実施の費用と効果とを比較検討する問題」および「一定の監査の有効性を前提にした概念」［神戸大学会計学研究室編 2007：442］とされるなど，監査の方法に関する概念となっている．

　また，日本の行政における会計監査の実施主体である会計検査院では，1997年12月の会計検査院法の改正によって3E（Economy, Efficiency, Effectiveness）の観点からの検査が法律で定められた．会計検査院法での効率性は「同じ費用で

より大きな成果が得られているか」[櫻井 2007：10]，具体的には「インプット
とアウトプットの関係から，アウトプットの提供は，投入された一定の資源の
下で最大化が図られているかどうかを検査するもの」[林・柳田 2005：280] と理
解されている．

　もっとも，上記の会計検査院法の改正は 3E のうち，とくに有効性に重点を
置いている．この背景には，経済性や効率性のみに目を向けることの危険性が
存在する．たとえば，経済性・効率性の検査では明らかに無駄が発生している
と検証できるものを探し出すことに重点が置かれ，結果としてプログラム全体
を有効かつ効率的に実施することではなく，どうすれば会計検査院の指摘を受
けずに済むかに注意が向けられる傾向が生まれるとの指摘がある [金本 1990：6
-7]．また，経済性・効率性の観点からの評価は頻繁に行われているが，これ
はプログラムの実施運営という視点からの評価であり，その目的達成度を測
定・評価するものではないとの指摘もある [桜田 1991：52]．

　ところで，この会計学での定義に関連し，貝塚啓明は財政の効率性を経営的
効率性と経済的効率性，事前的効率性と事後的効率性に分類する [貝塚 1992]．
貝塚によれば，経営的効率性とは目的と達成度が事前に決められており，その
なかでいかにコストを最小にするかを考える概念で，検査・評価は比較的容易
であるという．他方，経済的効率性とは予算の分配すなわち政策の優先順位に
関する概念で，アウトプットとして何を作るか，何をサービスするかという価
値判断の問題であるという．また，事前的効率性と事後的効率性とは，実施前
にある効果をあげると予測し評価するものと実施後に効果があったか評価する
ものとの区別を指し，今後の会計検査においては後者が重要であると述べられ
ている．

╂ 2．行政学における 'Efficiency' 概念の変遷

（1）行政における 'Efficiency' の出現

　行政学における 'Efficiency' 概念の歴史は古く，その起源は1920年代にアメリカで流行した行政調査運動と正統派行政学（Orthodoxy）に見出すことができる[5]．これらが流行した背景には19世紀末のアメリカの社会経済状況が大きく影響している．当時のアメリカ政治は，ジャクソニアン・デモクラシーの影響を受けた官職交代制（rotation in office）が制度疲労によって浪費や非能率などの問題を顕在化させていた．その後，資本主義が発展するにつれて官職交代制は次第に猟官制（spoils system）に堕落し，ついには猟官失敗者による大統領の暗殺事件が発生した．こうした深刻な事態を受けて1870年代末から1880年代にかけて起こった政府改革運動は，1883年のペンドルトン法の成立となって結実し，同法によって猟官制に代わって資格任用制（merit system）が実施されるようになった．

　他方，産業革命の経験によってめざましい成長を遂げていた19世紀末のアメリカ経済は，1890年のフロンティア消滅によって資源の浪費という潜在していた問題が露呈する．これを契機にビジネスの分野において資源の能率的な利用に関心が持たれ，その研究が進んだ．当時の代表的な研究者がテイラー（Frederick W. Taylor）とファヨール（J. Henri Fayol）であり，彼らの理論はこんにち経営学の分野で古典的管理論と呼ばれている．個人や組織の能率を求める古典的管理論は科学的管理運動となって当時のアメリカで流行した．

　この政府改革運動と科学的管理運動の２つの流れを受けて行政調査運動が起こった．行政調査運動は1906年のニューヨーク市政調査会（New York Bureau of Municipal Research）の創設に端を発する．ニューヨーク市政調査会の目的は行政にも科学的管理法（Scientific Management）に基づいた調査方法と能率の原理を適用すること，それを実行するために専門的能力をもったスタッフを備え

た恒久的かつ無党派的な機関を作ることの2点にあった．草の根的な性格をもった行政調査運動が全米各地へと広がるにつれて「節約と能率（economy and efficiency）」が行政についての統一的な考え方として共有され，のちに正統派行政学の核心的目標にもなった．

正統派行政学では，社会科学に密接に関わる価値の問題を行政学については能率のみに限定し，厳密な科学としての行政学の成立を試みた．具体的には技術的管理論の諸原理を行政組織に貫徹させる方法がとられた．このことは，当時の代表的な行政学者であるギューリック（Luther Gulick）の「行政の科学における基本的『善』とは能率である」，「能率は行政の価値の尺度のナンバーワンの公理である」[Gulick 1937：192] という言葉からも明らかである．こんにち，機械的能率（mechanical efficiency）と呼ばれる当時の能率概念は，最小の労力と資材によって最大の効果をあげるものと定義され，この定義に基づき計測可能な客観的基準にしたがって作業成果の能率の高低が測定・評価された [辻 1966：52]．その後，この能率概念はサイモン（Herbert A. Simon）とリドレー（Clarence E. Ridley）によって精緻化された[6]．

（2）‘Efficiency’ の錯綜

以上の能率概念については，正統派行政学への批判にともなって論争が起こるようになる．たとえば，ミルスポー（Arthur C. Millspaugh）は機械的能率がアメリカ的民主主義の本能と相容れないと考えた [手島 1995：120-121]．そこでミルスポーは，能率とは行政的健康の理想であり，病気の原因が多様であると同様に非能率も多様な原因があるとする「行政衛生学としての能率」[Waldo 1948：邦訳 345-346] という概念を提示した．こうした正統派行政学への批判は多数なされたものの，機械的能率に匹敵するような統一的な見解が得られないこともまた事実であった．

このような状況のなか，ディモック（Marshall E. Dimock）はこれまでの機械的能率を否定したうえで，社会的能率（Social Efficiency）という新概念を提示し

た．ディモックは科学的管理法からの影響を強く受けたそれまでの能率概念を機械的かつ限定的であると批判し，真の能率とは社会的諸考慮の全体に照らして判断されるべきであると考えた．具体的には，これまでの機械的能率の概念に職員の満足やサービス受給者の満足といった人間的要素を加味することで，能率を量から質の問題へと転化させたのである．この能率観は第1節（3）で述べたバーナードの定義と類似した考え方であり，今日の組織論において人間関係論と呼ばれる．

　しかし，このディモックの能率観はある弱点を抱えていたために批判も受けていた．たとえば「時に，行政における労力・時間・経費の浪費のこの上もない弁辞になりやすい」［辻 1966：55］，「外延の正確な『科学的』用語であるどころか，まさに社会哲学の一杯詰まった情緒がみちみちしているのである」［Waldo 1948：邦訳 345］，「組織活動の総体としての良否を評価する概念ではありえたとしても，個別の組織活動ごとにその良否を評価する概念にはなりえない」［西尾 1993：308］などである．能率をめぐるディモックの定義とその批判を受け，ワルドー（Dwight Waldo）は能率を客観的能率（Objective Efficiency）と規範的能率（Normative Efficiency）の2つに分けて再定義した［Waldo 1948：邦訳 349-54］．この前提として，ワルドーは節約と能率はアメリカ人の生活の変化から発生した特殊アメリカ的なもので，歴史的経緯から道徳的教義が付与されたことを指摘する．ワルドーはこれまでの能率観には特殊な事情があることを批判したのち，能率それ自体よりも何のための能率かに着目し，能率の決定は目的に依存していると考えた．

　ワルドーが再定義した上記2つの能率を端的にまとめれば，評価者の規範意識に大きく依存する場合は規範的能率，そうではなく能率の判定基準が容易ならば客観的能率になる．たとえば，西尾勝はこのワルドーの2つの概念について宛名書きの作業を例に説明している［西尾 1993：319］．具体的には，宛名書きの作業成果をいかなる指標でとらえ，それぞれの指標をどの程度重要視するかを決めるのが規範的側面であり，この規範的側面に基づいて指標値を測定し

得点を換算するのが客観的側面である. 西尾によれば, 能率の評価は規範的側面について合意が成立する限りにおいてその客観性を主張できる. 逆にいえば, より高次の目的になればなるほど個々人の引照枠組 (frame of reference) が広がるため, 能率の科学的性質や客観性が薄れ, 論争的になるということである. この点に関して, ワルドーは「能率の記述的ないし客観的観念は妥当であり有用である. しかしただ意識的に設定されていた価値の枠組内においてのみである」[Waldo 1948:邦訳 351] と述べている.

(3) 'Efficiency' に対する批判

ワルドーは1960年代の末に多くのシンポジウムや討論会を催した. このため, ワルドーの考えはマリーニ (Frank E. Marini) やフレデリクソン (H. George Frederickson) ら後進の行政学者に大きな影響を与えた. このことによって1970年代に「新しい行政学」運動 (New "Public Administration" Movement, 以下「NPA 運動」と略) が生まれた. NPA 運動の特徴は, 社会環境に対する柔軟な適応, 特定の価値への準拠, 変革の主体としての行政官の位置付け, 社会的有意性の回復などにある [今里 2000:258-259:今村・武藤・真山ほか 1999:253]. このうち, NPA 運動の核心は2つめの特徴である「特定の価値」にあった. この「特定の価値」とはロールズ正義論を理論背景とした社会的公正 (social equality) または公平・平等 (equity) であった. NPA 運動では能率と節約は多くの価値の1つにすぎず, その科学性・客観性が批判されたのである [Frederickson 1980:邦訳 30:172]. そして, 価値に関する選好, 組織のデザインに関する選好, 管理スタイルに関する選好を包括する概念としての社会的公正を付与することが主張された [Frederickson 1980:邦訳 9].

他方で, 正統派行政学における能率は以上のような多方面からの激しい批判を受けたものの, 完全にその教義が絶たれたわけではなかった. 「能率の概念は, アングロサクソンをはじめとする西欧社会文化に深く食い込んでいる. このため, 能率を簡単に放棄あるいは無視することはできない」[足立 1970:352]

からである．1960年代前半に流行した PPBS（Planning, Programming and Budgeting System）はこの1つの例である．PPBS では予算の合理化が謳われ，政策の成果の能率やプログラムの費用について，費用便益分析や費用対効果分析を用いて仔細な事前見積りや相対比較が試みられた．しかし，共通した基準を用いて能率や費用を測定することは困難であることがわかり［今村・武藤・真山ほか 1999：185；西尾 1993：315］，人を対象とする福祉，医療，教育，労働などの政策領域で顕著に表れたため［山谷 2002b：152］，PPBS は失敗した．

（4）'Efficiency' の再登場とその後

　この NPA 運動によって批判にさらされた節約および能率の概念は，20世紀末に NPM と呼ばれる一連の行政改革として再び脚光を浴びる．NPM の起源は1980年代に当時のサッチャー（Margaret H. Thatcher）首相によって実施されたイギリスでの行政改革，および同時期にロンギ（David R. Lange）首相によって実施されたニュージーランドの行政改革である．イギリスやニュージーランドで大きな成果をあげた NPM は，1990年代にかけて財政赤字に苦しむ世界各地の先進国において実施が試みられたばかりか，IMF や世界銀行などの国際金融機関が国際的な援助を受ける国々に融資する際の条件としても用いられるほど世界的に広く伝播した［Kjaer 2004：25］．以下では，イギリス[13]とニュージーランド[14]における行政改革の経緯を簡単に述べる．

　イギリスでは1948年に成立したアトリー政権下で福祉国家体制が進められ，非常に手厚い社会保障制度が確立されるとともに主要産業が国有化された．他方で，この福祉国家体制は1970年前後から高税率による人々の勤労意欲の後退や国有企業の非効率やサービスの質の低下などの問題を引き起こしていた．ここに2度にわたって起きたオイルショックが追い打ちをかけ，経済成長率の鈍化，国家の歳入の急激な減少，急激な失業者の増加，長期にわたるストライキなどの社会問題が発生し，ついにはあらゆる公的サービスがストップする事態となった[15]．

このように社会が混迷を極めていた状況でイギリスの首相に就任したサッチャーは，執行管理の面から行政の非効率性を改善しようと試みた．行政内部に対しては，節約化・効率化を目的にレイナー調査（Rayner Scrutinies），[16] MINIS（Management Information System for Ministers），[17] FMI（Financial Management Initiative, 財務管理イニシアティブ）[18] が実行された．同時に，国有企業の民営化，[19] 公共サービスの民間委託，[20] エージェンシー化[21] なども実施された．これらの改革によって，人員削減をはじめとした歳出の節減や株式売却による歳入増などの効果がもたらされた．

サッチャーの後任のメージャー（John Major）は市場化テスト[22]やPFI[23]を実施するなど，サッチャーが推進した節約化・効率化の方針をそのまま引き継いだ側面もある．しかし，市民憲章[24]に見られるように，メージャーは次第にサービスの質に重点を置くようになっていった．市場化テストやPFIも，節約性・効率性よりも有効性や協働を重視した改革であり，測定の対象もアウトプットからアウトカムへと次第に変化していった［大住 1999：102］．

こうした動きは次のブレア（Tony Blair）政権で実施された大きな方針転換の礎の一部になる．'New Labour' と呼ばれるブレア労働党政権では，これまでの保守党・労働党のどちらでもない第三の道と呼ばれる新たな路線を打ち出した[25]．第三の道では効率だけでなく社会的公正という価値も尊重され，両者が共存する社会が理想とされた．効率は絶対的なものではなく，数多くある価値のなかの1つにしかすぎないととらえられるようになったのである．

他方で，ニュージーランドは産業革命によってもたらされた格差や不平等をなくしたいと考える移民たちによって建国された経緯から，平等主義（egalitarian）思想が強い傾向にあった．このため世界的に見て規制が強いばかりか，省庁が多くの商業的活動を直接運営していた．また，1938年の社会保障法に代表されるように，ニュージーランドはイギリスと同様に大きな政府であった．しかし，ニュージーランドでも1973年のイギリスのEC加盟にともなう輸出減とオイルショックを契機に高度福祉国家の負の側面を見せ始める．それまでイギ

リスとの特恵的な経済関係にあり，また石油輸入国でもあったニュージーラン
ドは経済や財政を急激に悪化させていったのである．

　こうした状況のなか，1984年に労働党のロンギがニュージーランドの首相に
就任した．ロンギは新古典派経済学等の理論に依拠した財務官僚の考えを受け
入れ，財務大臣のダグラス（Roger O. Douglas）とともに各種税制改革，規制や
補助金の廃止，民営化を前提とした省庁保有の商業的活動の国有企業化など，
民間部門の効率化改革を実施した．また，ロンギは1987年に民間部門のマネジ
メント原理を模範とした人事・組織面や財政面からの改革を謳った政策提言書
『政府運営（Government Management）』を発表し，公共部門の効率化改革も実行
した．同提言書は，NPM の理論的一貫性を有するマニフェストとして有名で
ある［和田 2007：19；Hood 1991：6］．

　1990年の政権交代後に首相に就任した国民党のボルジャー（James B. Bolger）
も，効率を中心とした改革を継続した．ボルジャーは，社会保障，福祉，医療，
労働などの社会政策（Social Policy）の分野にも市場原理主義を導入し，税金の
効率的な使用と効果的なサービス提供を図ろうと試みた．また，労働市場の柔
軟化を目的に労使関係を自由化したり，財政政策運営の改善や透明性を図るた
めに政府に対して財政の報告を規定すると同時に均衡財政を義務付けたりする
など，ボルジャーは公共部門にも競争原理と市場メカニズムを徹底して導入し
ていった．

　しかし，このようなボルジャーの改革はのちのクラーク（Helen E. Clark）労
働党政権で見直されることとなった．クラーク政権は2001年に発表した 'Re-
view of the Centre' レポートの提言に基づき，それまでの改革に対してさま
ざまな修正を実施したのである．たとえば，先のソーシャル・ポリシー分野へ
の市場原理主義の適用廃止，国家部門法や財政法の改正，アカウンタビリティ
強化を目的としたクラウン・エンティティ法（Crown Entities Act 2004）の制定
などである．これらの改革の背景には人材や価値観といった非金銭的なケイパ
ビリティ（capability）の強化や，アウトプットのみならず「アウトカムの達成

に向けた取組み（Managing for Outcomes）」に対してのアカウンタビリティ強化，効率性重視の改革から有効性重視の改革への移行，政府の総合性（a whole of government）の確保などが意図されていた．

　このように，NPM 発生から見直しへの動きは正統派行政学から NPA 運動への流れと共通する部分がある．NPM と正統派行政学では時代も哲学も異なり，全体的には相違が大きいとはいえ，行政の内部改革という点に限っては，正統派行政学における能率と NPM における効率は非常に似た志向をもっている［山谷 2002：150；山谷 2009：9］．正統派行政学の経験をもつアメリカでは，NPM の代わりに 'Reinventing' または 'Reinventing Government（政府再生）' という言葉が用いられているとも指摘される［竹尾 2002：40］．実際，アメリカの有力な行政研究雑誌 *Public Administration Review* を見ても，NPM よりもこれらの言葉が本文にある論文が多い[26]．アメリカであえて NPM という言葉が用いられないのは，その考え方や方法が以前から存在し，取り立てて指摘するものではないからである．これらは，正統派行政学における能率と NPM における行政の内部改革としての効率が類似していることの１つの証左かもしれない．そうであるならば，NPM による効率信仰への疑念について，正統派行政学に対する批判と NPA 運動が主張する内容はわれわれに大きな示唆を与えている．

　また，正統派行政学の理論的背景は古典的管理論（経営学），NPM の理論的背景は新制度派経済学とマネジェリアリズム（経営学）にある［和田 2007：4；Hood 1991：5-6］．他方で，第１節で見た各学問における用語定義を参照すると，正統派行政学の能率は経済学の技術的効率性に近い概念である．同様に，NPM の効率は 'Efficiency' を効率と訳されたことからもわかるように，経済学の効率，とくに技術的効率性に近い．このように，両者の 'Efficiency' 概念はともに経済学における技術的効率性に類似する概念であるといえる．

（5）アドミニストレーションとマネジメント

　以上で述べたように，サッチャー改革を嚆矢とする NPM は新自由主義のエ

ネルギーの強さから「小さな政府」，すなわち政府が担う「公」の縮小を目的
としていたが，民間のマネジメント手法の神格化から行政の内部改革も実行さ
れた．他方で，このNPMを契機とした小さな政府への動きから始まった政府
を見直す運動や思想はわれわれにガバナンス論の加速という次なる道を提示し
た．PFIやPPPの概念の展開はNPOに代表される新たな「公」の担い手の存
在を認知させ，公共部門と民間部門の役割の見直しを進めた．今日では，「公」
の担い手が多元的であることは常識である．NPMを契機として行政が独占し
ていた「公」の担い手の外部化が進められたことは重要な事実である．また，
行政の内部改革もさまざまな議論や批判を呼び起こした一方で，行政内部の
「見える化」への着手や公務員の意識改革については一定の貢献をしたと認め
られる．情報公開もさることながら，政治家や市民が行政内部のマネジメント
に関心をもったことの意義は大きい．また，NPMを経験した公務員は手続き
だけではなく結果にもより注意を払うようになった．

　他方で，NPMはガバナンス論の一類型にすぎないという意見もある．山谷
は，ガバナンス論の類型としてコーポレート・ガバナンス，NPM型ガバナン
ス，グッド・ガバナンス（Good Governance），国際的相互依存のガバナンス，社
会サイバネティック・システム（Socio-Cybernetic System）としてのガバナンス，
新しいポリティカル・エコノミー（New Political Economy），ネットワークとし
てのガバナンスの7つをあげている［山谷 2006：101-105］．また，キリアン（Jer-
ri Killian）は組織文化から行政改革を論じ，組織文化として階統制（Hierarchy），
氏族（Clan），市場（Market），アドホクラシー（Adhocracy），自己組織（Self-Orga-
nizing）の5つを提示している［Killian 2008a］．このなかでも，NPMは市場を取
り入れる組織文化に対応する改革戦略の1つとして位置付けられているにすぎ
ない．

　正統派行政学を支持した当時の行政学者であるホワイト（Leonard D. White）
は，1926年に出版した論文『行政研究入門（Introduction to the Study of Public
Administration）』の序文において，「行政は，未だ主として技芸（アート）である．

表1-1　アドミニストレーション（administration）とマネジメント
（management）の違い

	アドミニストレーション （administration）	マネジメント （management）
本　質	art（技芸）	science（科学）
仕事の対象	policy（政策）	execution（執行）
志　向	values（価値）	facts（事実）
場	upper（幹部・上級）	lower（現場）
組織編成方法	echelons（階統制）	echelons（階統制）
計画として	strategy（戦略）	tactics（戦術）
視　点	qualitative（定性）	quantitative（定量）
性　質	human（人間的特性を見る）	material（物を見る）
態　度	reflective（受け身）	active（主体的）
仕事の性質	generalism（一般・全体）	specialism（専門・部分）
たとえると	アドミニストレーターは哲学者	マネージャーはテクノロジスト
主たる仕事	目的の形成	ルーティンでプログラム形成

出典：Hodgkinson［1978：4-5］，山谷［2012：165］を筆者が一部修正.

しかし，それを科学（サイエンス）に変えようとする重要な傾向は重視される[27]」
と述べている．他方で，ワルドーは行政の本質を「アートでありまたサイエン
スである」［Waldo 1955：邦訳 6-8］と述べている．表1-1のように，技芸（アー
ト）はアドミニストレーション，科学（サイエンス）はマネジメントに対応する
概念である．正統派行政学や NPM が支持された理由の1つは，現代では高度
ではなくなったものの，それらが科学（サイエンス）を志向しており，閉鎖的，
不可視的，浪費的になりがちなアートとしての行政に対抗できる正当性を有し
ていたからであろう．しかし，アートとしての行政もまた真実であり，正統派
行政学や NPM が目指した効率性の向上のためのマネジメント改革だけでは，
公共部門の最終目的である「より良い社会の実現」は達成できない．ここに正
統派行政学や NPM が目指した行政の内部改革としての効率化の限界がある．

十 3．日本における 'Efficiency' 概念の動向

（1）行政学における概念定義

　さて，こうした能率および効率の概念について日本の行政学者はどのような定義をしているのであろうか．まず，辻清明はワルドーまでの能率概念を振り返った後，「行政のあらゆる価値を能率概念に含めることは能率の過剰解釈であり，行政の世界における能率概念の適用は，あくまで数量的測定の可能な範囲に限定すべき」［辻 1966：57］，あるいは「行政の目的は単に能率の高度性によって充足されるだけでは十分ではなく，それと並んで，というよりもそれよりもはるかに高い価値，人間性の尊重，利益の公正な配分，責任の充実，普遍的な社会効果の実現などが要請されるであろう．能率はこれらの価値のなかのひとつにすぎない」［辻 1966：57］と述べている．

　西尾勝は，能率には３つの用語法，すなわち官僚制原理としての能率，投入・産出比率としての能率，組織活動に対する満足度に対する能率が存在すると述べている．１つめの能率は包括的で曖昧な意味の能率であり，正統派行政学や国家公務員法での能率がこれに該当する．２つめの能率は科学的管理法を発端とし，サイモンによって完成された定量的で厳密な能率概念である．３つめの能率はディモックやバーナードが主張した多様な価値を含む，人間関係論の影響を強く受けた能率概念である［西尾 1993：303-308］．

　もっとも，西尾勝は能率と効率について次のように定義する．まず，効率については有効性[28]のなかの非常に限定的な概念ととらえている．具体的には，有効性概念のうち評価基準が操作可能なものを有効度と定義し，このうち期待値の性格をもった目標値が評価基準として設定されている場合で[29]，産出の実績が算出可能な達成値と等しくなるときの達成率を効率と呼んでいる．また，能率性については投入と産出を対比する概念と定義し，複数の種類に区別できると指摘している．この能率性のうち，投入も産出もすべて量的タームで測定され，

純粋に投入・産出比率として表示される能率性を能率と呼んでいる［西尾 1976a：185-186］.

　加えて，西尾勝は能率性の測定の困難さと限界について指摘している．具体的には，能率性の測定の困難さとは，能率性の測定においては比較が必要だがさまざまな介在的要因を制御できないために単純比較が困難であること，諸価値の数値変換には限界があること，実際には投入量および産出量も一定ではないため特定の選択が合理的である根拠がないことの３つである．能率性の限界とは，効果に対する調査統計情報が不足していること，政治的対立度が高い政策になればなるほど評価基準について合意が成立しにくくなることの２つである［西尾 1993：308-15］．そのうえで，能率を用いた政策分析については「誰のための情報か」という視点に基づき，必要以上に精緻な分析は避け，管理統制への活用には弊害が多いため自己点検のための手段に留めるよう注意喚起している［西尾 1976a：205-209；西尾 1993：315-17］.

（2）法律における用語法

　ところで，この効率および能率という用語は，現行の日本の法律においてどのように使用されているのであろうか．総務省が運営している法令データ提供システムを用いて，憲法・法律を対象に法令単位で検索を試みた.[30)]

　まず「能率」で検索すると104件の該当があった．他方で，「効率」は633件の該当があった．後者の大半は2000年に施行された「地方分権の推進を図るための関係法律の整備等に関する法律」，いわゆる地方分権一括法によって追加されたものである．これを除くと該当する法律は236件となる．これらを整理すると1950年代までは「能率」が「効率」よりも多く，1960年代から1990年代はほぼ同割合，2000年以降は逆に「効率」が多用されていた．後述するように，日本で初めて NPM の考え方を適用する方針が出されたのは2001年の経済財政諮問会議であるが，この時期と効率が多用されるようになった時期はほぼ一致している.

　また，能率と効率が法律の目的となる第1条にどの程度使用されているか調べたところ，能率が35件，効率が42件とほぼ同数であった．内訳を見ると，前者が地方自治法，国家公務員法，地方公務員法，各種府省の設置法など，人事・組織に関する法律が多いのに対し，後者は医療法，農地法，空港法，物品管理法，中小企業支援法，日本国有鉄道改革法，産業廃棄物の処理に係る特定施設の整備の促進に関する法律など，技術的なものに関する法律が多いという特徴があった．もっとも，効率については1998年の中央省庁等改革基本法を筆頭に，PFI法（民間資金等の活用による公共施設等の整備等の促進に関する法律），政策評価法，行政改革推進法（簡素で効率的な政府を実現するための行政改革の推進に関する法律）など，近年では人事・組織に関する法律においても使用されている．

　さらに，能率と効率の両方の言葉が用いられている法律を調べると59件が該当した．このうち，農業改良助長法，国の庁舎等の使用調整等に関する特別措置法，官民交流法の3件では，法律の目的が書かれた第1条に両方の言葉が使用されていた．たとえば官民交流法では，「行政運営における重要な役割を担うことが期待される職員について（中略）効率的かつ機動的な業務遂行の手法を体得させ，（中略）もって公務の能率的な運営に資することを目的とする」（傍点はいずれも筆者による）といった使われ方がなされている．この記述からは効率よりも能率が上位であることがうかがえるが，それぞれについて具体的な定義はなされていない．

（3）日本における NPM の影響

　日本における NPM の影響は政策評価において効率性が求められる以前から存在した．新自由主義と NPM が世界的に流行した1980年代には，日本でも中曽根康弘首相が日本専売公社，日本国有鉄道，日本電信電話公社の3公社の民営化を実現した．とくに日本では1990年代後半から NPM の影響が強くなり，橋本龍太郎政権以降で実行された行政改革にその一端が見られる．たとえば，1996年11月に設置された行政改革会議がとりまとめた「最終報告」（1997年12

月）は中央省庁等改革基本法の基盤として知られているが，ここでは1章を割いて「行政機能の減量（アウトソーシング），効率化等」について述べられている（第Ⅳ章）．具体的には，「官から民へ」「国から地方へ」という視点に基づき，官民の役割分担，地方分権，民間能力の活用の見地から，組織や事務・事業の見直しを徹底的に進めていく必要性が訴えられている．その手段として，事務・事業の民営化や民間移譲による行政機能の減量（アウトソーシング），外局（実施庁）制度および独立行政法人制度の活用による自律的・効率的な運営，規制行政や補助行政の見直し，組織の整理・簡素化の積極的な推進，定員の大幅削減などがあげられている［行政改革会議 1997］．

　この行政改革会議は1998年6月まで設置されたが，その1年後の1999年4月に閣議決定された「行政コスト削減に関する取組方針」では，業務量・定員等による行政の減量化と限られた定員・財源を有効に活用する行政の効率化という両輪によって行政コスト削減のための不断の努力を行う必要があるという立場から，1999年度から10年間にわたり，積極的かつ計画的に全省庁が一体となって行政コストの30％削減に取り組むことが示された［内閣官房 1999］．さらに翌年の2000年には「行政改革大綱」が閣議決定され，「中央省庁等改革の的確な実施」の手段として「行政の組織・事務の減量・効率化」が掲げられ，独立行政法人化や外部委託化の活用，定員削減，PFIの推進，民間と競合する公的施設の改革などが示された．また，ここでは2001年1月から導入される政策評価制度の実施の目的として「行政の効率性，透明性の一層の向上等」と明記されるなど，政策評価に効率性を強調する動きが垣間見える［内閣官房 2000］．

　2001年に首相に就任した小泉純一郎は，自身の経済政策として「聖域なき構造改革」というスローガンを掲げ，郵政民営化，道路関係四公団の民営化，市場化テスト，指定管理者制度，労働者派遣法に代表される規制緩和の推進，地方財政を見直すための三位一体の改革などを実施した．また，小泉政権時の2006年には，「簡素で効率的な政府を実現するための行政改革の推進に関する法律（行政改革推進法）」が成立し，小さな政府の実現のため，内閣に行政改

推進本部が設置された．このように，1990年代後半から2000年代前半はNPMそのものともいえる改革が日本で立て続けに実施された時期であった．

（4）政策評価と効率

　本章の冒頭でも述べたように，日本では政策評価を用いた予算の効率化が模索されている．政策評価の概念について，2000年12月に政策評価の手法等に関する研究会が公表した「政策評価制度の在り方に関する最終報告」では，「国の行政機関が主体となり，政策の効果に関し，測定又は分析し，一定の尺度に照らして客観的な判断を行うことにより，政策の企画立案やそれに基づく実施を的確に行うことに資する情報を提供すること」と定義されている．この時点では，政策評価はあくまで政策の改廃や改善を行うための情報を提供する手法であった．また，2001年1月15日に政策評価各府省連絡会議で了承された「政策評価に関する標準的ガイドライン」によれば，政策評価の導入当初の目的は，国民に対する行政の説明責任（アカウンタビリティ）を徹底すること，国民本位の効率的で質の高い行政を実現すること，国民的視点に立った成果重視の行政への転換を図ることの3つであった．このように，導入当初の段階では日本の政策評価において効率は目的の一部にすぎず，また政策評価そのものも財政再建の手法ではなかった．

　まず，政策評価における効率および能率の概念であるが，ガイドラインでは効率性について「投入された資源量に見合った効果が得られるか，又は実際に得られているか」「必要な効果がより少ない資源量で得られるものが他にないか」「同一の資源量でより大きな効果が得られるものが他にないか」という観点によって評価するものと定義される．他方で，能率は「政策の執行面における効率性，すなわち，政策を所与のものとして必要な業務量等をより少ない予算・人員で実施することができないか，無駄な支出をやめることができないか」といった概念とされ，第1節（1）の若生室長の発言と似た定義となっている．このガイドラインでは，効率は政策や手法の変更まで考慮するのに対して，

能率は政策や手法の変更を考慮しない点に違いがある．他方で，「資源量」「予算・人員」といった言葉に見られるように，能率・効率ともに投入と関係する概念としてとらえられている．

次に，2001年12月28日に閣議決定された「政策評価に関する基本方針」では，効率性の観点からの評価について「政策効果と当該政策に基づく活動の費用等との関係を明らかにすることにより行うものとする」［閣議決定 2001b］と定義されているにすぎず，能率という用語も使われていない．「政策効果」を「産出」ととらえれば，この効率の定義は先の西尾勝のいう能率性の一種であり，PPBSで重用された費用対効果分析に等しい．また，ガイドラインでの効率の定義と比較したとき，「資源量」を「費用」という言葉に置きかえれば，この効率の定義はガイドラインでの定義とほぼ同じ意味になる．ここからは，政策評価に対して財政再建への貢献を求める期待が見てとれる．

このような試みは，前節で述べたようにNPM，ひいては新自由主義的な価値観を帯びた政治からの要望によるところが大きい．たとえば，2001年以降の自民党政権時代に経済財政諮問会議が毎年公表していた「経済財政運営と構造改革に関する基本方針」，いわゆる「骨太の方針」では繰り返しこの点が盛り込まれていた．とくに2007年に出された第7弾の方針では，「政策ごとに予算と決算を結び付け，予算とその成果を評価できるように，予算書・決算書の表示科目の単位（項・事項）と政策評価の単位とを対応させる等の見直しを行い，平成20年度予算から実施する」［閣議決定 2007］と明記されているなど，PPBSで実施されたプログラム予算を想起させる記述も見られる．

こうした政治からの要望は政権交代後の民主党政権でも変化しなかった．たとえば2009年に閣議決定された「予算編成等の在り方の改革について」では，予算の効率化を目的とする取り組みの1つとして「政策達成目標明示制度」の導入を掲げ，政府として最優先すべき政策について国民に対する成果を目標として定め，達成度を評価する方法が試みられている［閣議決定 2009］．この制度はブレア政権下の1998年のイギリスにおいて導入された実績評価制度の基本的

な枠組みである PSA（Public Service Agreement）や，オバマ（Barack Obama）政権下のアメリカで導入された業績マネジメント改革である HPPGs（High Priority Performance Goals）を雛形として実施されているため，政策評価を業績測定として実施することが試みられているといえる．

　以上のような効率志向（無駄削減）や予算への反映に対する強い関心は，政策評価という枠をも超えて事業仕分けや行政事業レビュー[31]を生んだ．これらと政策評価の目的の違いと問題について，山谷は「事業仕分けや行政事業レビューは政策におけるコスト削減や政策そのものの廃止にある一方で，本来の意味での政策評価は政策・施策・事業の『作り方』や『仕込み方』にあたるデザインやプロセス，そしてそれらの動かし方であるプログラムに関心を持ち，より良い政策づくりをめざすことにある．このように評価と事業仕分けや行政事業レビューは目的や機能が異なるが，この違いはあまり理解されていない．そのためか，政策評価で有効性があると結論付けられたものが事業仕分けにおいて非効率と批判された際，仕分けられた関係府省側に対して価値対立や認識ギャップを招く場合が多く，問題を納得させることが困難になるのである」と指摘している［山谷 2011：230］．

　事業仕分けや行政事業レビューは，予算編成過程や政策決定過程の透明化，予算の無駄削減については一定の効果があったが，評価学の視点からは評価としての要件を十分に満たしているとはいえない．たとえば，客観的な評価のためには判断基準や価値判断について関係者間で事前に合意を得る必要があるが，事業仕分けや行政事業レビューはこの点が十分ではなく，厳密な意味での評価とは呼べない．この基準や価値についての事前合意は効率に限らず，どのような評価の手段・方式を用いた場合においても重要であるが，中央府省や自治体の評価の現場では見落とされがちである．

＋ お わ り に

　本章では，効率概念について各学問分野での現代的な理解，重用された時代と経緯，そして現代の日本の公共部門の評価における使用状況について確認した．日本において効率概念は錯綜しており，場合によっては同床異夢の状態に陥っているおそれもある．これは効率に限ったことではなく，無駄，節約，能[32)]率，測定，評価といった言葉についても同様である．「ディシプリンとプロフェッションが違う人々が『評価』という同じ言葉を別々の世界で使っていたため，研究者でなくプロフェッションでもない素人は，それが同じものだと錯覚したのである」[山谷 2008b：72]という指摘は効率についてもあてはまる．したがって，公共部門を評価するにあたっては，関係者間で事前に同意を得たうえでしっかりと概念を定義するとともに，定義した意味内容を明記する必要がある．効率は業績測定における有力な評価規準であるが，業績測定とは英語の'Performance Measurement' の訳語であり，'Measure' とはものさしの意味である．ものさしには何らかの単位，すなわち基準が存在する．ものさしを決めなければ測定はできず，比較をしなければ測定で得た数値の大小について認識できない．実務において効率による評価を厳密に行うのであれば，先のサイモンや西尾勝のように概念の明確化が必要である．

　他方で，アメリカでの正統派行政学の経験からは NPM が目指した効率は新しい概念ではなく，NPM の普遍性には疑問を抱かざるをえない．たしかにNPM は成熟した福祉国家の時代の行政に一定の効果をもたらしたものの，長期間にわたって続けられることはなかった．その理由は，第2節(5)でも述べたように，効率性の向上のためのマネジメント改革だけでは公共部門の最終目的である「より良い社会の実現」は達成できないからである．効率は「より良い社会の実現」の手段としての政策と直接的には関係がなく，いくら効率を改善したとしても当該政策が社会問題の解決に有効でなければ意味をなさない．

いいかえれば，第2節（2）で触れたワルドーの指摘のように「効率は何のために重要か」という視点が欠落しているのである．このような過度のマネジメント依存は政府本来の機能を弱め，国民を軽視する危険性をはらんでいる[33)]．

　また，効率による評価は数値を用いた定量的な分析を行うため客観的で科学的だとみなされやすいが，実は効率も1つの価値観にしかすぎない［山谷2002b：155-156］．この点について，ワルドーは正統派行政学に対する批判として行政が価値に左右されることを指摘している［Waldo 1948：邦訳 318-319］．実際，日本では効率化改革は新自由主義という価値に基づいた政治からの強い要望によって誤った方向に進んでいった．この傾向は2001年の小泉政権発足以降に顕著に見られる．その最たる例が，経済財政諮問会議の「骨太の方針」で政策評価に対して「目標達成度を評価してそれを予算に反映させる」という効率性が繰り返し主張されていたことである．このような業績測定型の政策評価に関して，アメリカでのPPBSの失敗は評価結果と予算との関連強化のためには多くの克服すべき課題が残されていることを示唆している．また，業績測定型の政策評価において評価結果を予算へ反映させることはセクショナリズムを助長することになり，当初政策評価が想定していた政策調整機能とは別の方向に向かってしまう［山谷 2011：231］．

　しかし，日本では中央府省・自治体を問わず，効率に基づく管理がマネジメントではなくアドミニストレーションにも適用されるなど，ミクロレベルを超えて行われる傾向にある．日本において不幸であったのは，評価が定着して「プラン偏重」［増島 1981：20］の行政が改善されるよりも前に NPM が導入されたことである．その帰結として政策志向の弱体化や管理の形骸化が発生している．政策志向の弱体化の例は評価がもつ改善機能の矮小化である．公共部門は社会問題の解決のために存在しており，その解決のための手段が政策である．したがって政策の良し悪しは公共部門の存在意義に直結するため，政策の有効性は効率性よりも重要である．しかし，効率性の強調により有効性の評価がおろそかになれば政策の改善の対象範囲が小さくなる．それによって政策そのも

のの質の改善が起こりにくくなり，当該政策の効果が乏しいために社会問題が解決されない危険性がある．他方，管理の形骸化は公共部門の定員削減に象徴される．第3節（3）で触れたように，「小さな政府」の流れのなかで定員削減が実施されたが，削減した後の実態を正確に把握しないまま毎年のように人員は削減され続けている．その結果，非正規公務員の増加や正規職員の負担増などの問題が新たに生じ，行政の安定性が失われつつある．日本での効率とは政治家や管理者の公務員にとって都合のいい効率であって，現場レベルでの業務改善という意味での本来の効率化はあまり起こっていない．

　以下，第2章および第3章では政策志向の弱体化について，第4章から第6章では管理の形骸化について詳しく見ていく．

　注
1）　具体的には，村松岐夫（京都大学大学院法学研究科教授），奥野正寛（東京大学大学院経済学研究科教授），金本良嗣（東京大学大学院経済学研究科教授），久保恵一（監査法人トーマツ代表社員（公認会計士）），田辺国昭（東京大学大学院法学政治学研究科教授），星野芳昭（（株）日本能率協会コンサルティング　技術部長　シニアコンサルタント），山谷清志（岩手県立大学総合政策学部教授）である（肩書きは1999-2000年当時）．
2）　以下の研究会の議事概要からの引用はすべて総務省［2009］を参照．
3）　他方で，この発言がなされた約半年前に公布された「国と民間企業との間の人事交流に関する法律（以下，「官民交流法」と略）」の第1条では，能率と効率が併記されている．このように，法律上では両者は現在でも区別されている場面があり，'Efficiency'の訳語としての能率が効率に完全に置きかえられてはいないことには注意を要する．
4）　なお，経済学の入門書や用語集では能率給は業績給参照となっており，業績給（payment by results）は労働者またはその集団の業績や出来高に応じて賃金を払う方法と定義されている．
5）　正統派行政学を含む1960年代までのアメリカ行政学及びその後の動向の詳細については，足立［1970］，手島［1995：25-26］，Waldo［1948］を参照．
6）　詳細はRidley and Simon［1943］，西尾［1976a：175-176］を参照．もっともサイモン自身は正統派行政学を称賛していたわけではなく，むしろ正統派行政学の批判者

であった．この詳細は足立［1970：66-68］，手島［1995：145-160］を参照.

7) 西尾勝はワルドーの能率観について，解釈やとらえ方，すなわち1つの能率に内在する両面ととらえている［西尾 1976a：214］.

8) このことからワルドーはアメリカ行政学において当時を代表する研究者の1人として知られている.

9) ロールズ正義論では，① 各人は，他の人々の同様な自由の図式と両立する平等な基本的自由の最も広範な図式に対する平等な権利をもつべきである，② 社会的，経済的不平等は，それらが(a)あらゆる人に有利となると合理的に期待できて，(b)全ての人に開かれている地位や職務に付随する，といったように取り決められているべきである，という二原理から構成されている．詳細は Rawls［1971：邦訳 47-51］を参照.

10) ここでの能率とは「利用可能な資源は一定とし，そのなかでいかにより良いサービスを提供できるか」［Frederickson 1980：邦訳 8-9］と定義される.

11) ここでの節約とは「一定のサービスの水準を維持しつつ，いかに支出を少なくするか」［Frederickson 1980：邦訳 9］と定義される.

12) ここでの能率とは，ある目的を達成する際にいくつかの手段のなかから最も効率的なものを選択するという意味のものである.

13) イギリスの行政改革の全体像については Burnham and Pyper［2008］を参照.

14) ニュージーランドの改革の詳細は，小池［2008］，農林水産奨励会・農林水産政策情報センター［2006：52-67］，鈴木・岡本・安岡［2001：51-63］，野村総合研究所［2006：176-215］，和田［2007］を参照.

15) 当時のイギリスの状況については今井［2008］，石見［2007a］，小堀［2002］，高畑［1989］を参照.

16) レイナー調査の詳細は石見［2007a：36-37］，君村［1998：35-38］，豊永［1998：206-207］，山崎［1990：49-55］を参照.

17) MINIS の詳細は石見［2007a：38］，君村［1998：39-40］，豊永［1998：207-208］，山崎［1990：57-60］を参照.

18) FMI とは行政資源（Administrative Resources）だけではなく政策プログラム資源（Policy Programme Resources）も管理の対象に含めた財務管理システムで，その最大の目的はすべてのレベルの管理者に対して出費に見合った成果の向上を可能にすることにあった．詳細は石見［2007a：37-38］，君村［1998：40-44］，豊永［1998：207-208］，山崎［1990：60-72］を参照.

19) 民営化の詳細は影山［1990］，竹下・横田・稲沢ほか［2002］，豊永［1998］，松並［1997］，Kjaer［2004］を参照.

20) 民間委託とは，特定のサービスの供給を民間事業者に委託することで住民は委託業者からサービスを受ける一方で，住民に対してサービスの供給義務を負っている行政

はサービスを含めて委託業者を監視するという仕組みである［大住 1999：49］．適用例としてゴミ収集，公立学校の清掃，大学，病院，上水道，刑務所，保安などがあげられる［Kjaer 2004：27］.

21) エージェンシー化は FMI の課題解消やサービスの質の重視などを目的に提示された制度で［Jenkins et al. 1988］，その最大の特徴は行政の政策決定部門と政策執行部門の分離にある．詳細は石見［2007a：38-39］，君村［1998：45-63］，豊永［1998：209-14］，山崎［1990：72-81］を参照.

22) 市場化テストの目的は，1980年の地方自治・計画・土地法（Local Government Planning and Land Act）で地方自治体に導入された CCT（Compulsory Competitive Tendering，強制競争入札制度）の原理を中央政府にも適用することにあり［君村 1998：47］，エージェンシーの業務が対象とされた［石見 2007a：43］．詳細は馬場［2006：34］，竹下・横田・稲沢ほか［2002：86］を参照.

23) PFI とは民営化手法の応用例の1つで，道路，橋りょう，高齢者施設，さらには病院や学校など，従来は政府が一般税収で整備してきた社会資本について設計，資金調達，建設，運営などを可能な限り民間企業に任せようとする制度である［大住 1999：49］．詳細は竹下・横田・稲沢ほか［2002：238-43］，野田編［2004：145］を参照.

24) 市民憲章は基準，情報公開，選択と協議，丁寧さと有益さ，是正，支出に見合った価値の6つの観点から構成される［山谷 1997：185］．これらの観点から日々提供される行政サービスの質に重点を置くことによって，サービスの劇的な改善を図ることが市民憲章の目的であった．市民憲章の理念は国民を消費者とみなすメージャーの意向が強く反映されており［竹下・横田・稲沢ほか 2002：82］，各省庁や各エージェンシーはこの理念に従って先にあげた6つの観点から毎年検証することが求められた［馬場 2006：33］.

25) 第三の道という呼称は社会学者ギデンズ（Anthony Giddens）の著書になぞらえている．ギデンズの唱える第三の道の詳細は Giddens［1998］を参照.

26) 2009年12月14日時点の筆者による調査においては，'New Public Management' という言葉が梗概にある論文は37件，本文にある論文は229件，タイトルに入っている論文は19件であった．これに対して，'Reinventing Government' という言葉が梗概にある論文は30件，本文にある論文は330件，タイトルに入っている論文は20件であった．'Reinventing' という言葉に絞ればその数はさらに増える．なお，Reinventing Government は Osborne and Gaebler［1992］を参照.

27) この日本語訳は手島［1995：80］から引用した．なお，原文は次のとおりである．
"It assumes that administration is still primarily an art but attaches importance to the significant tendency to transform it into a science."

28) 西尾勝は，有効性を「行政活動の産出に関する評価者の評価基準に照らして，産出

の実績を評価する概念である．結果のよしあしを直接的に評価する概念である」[西尾
1976a：185] と定義している．また，有効性の評価は「当該の産出がどれだけの投入
の結果あることを問題にしない」[西尾 1976a：185] とも述べている．

29)　西尾勝のいう産出とは，いわゆるアウトプットではなく包括的な意味での産出，す
　　なわち得られたものを指していることには注意されたい．

30)　以下の検索結果は2011年5月4日時点のものである．

31)　行政事業レビューとは，予算執行の適切性や透明性の確保，効率性の向上を図るこ
　　とを目的に設置された「予算監視・効率化チーム」によって，府省内部で定期的に行
　　われる事業仕分けのことである．詳細は山谷 [2011] を参照．

32)　無駄の定義については井堀 [2008] を参照．

33)　この点については，深田 [2010] のように民間企業においても同様であるとする文
　　献もある．

第2章 評価とアカウンタビリティ
——統制の主体・対象・手段——

✝ はじめに

　行政に効率を担保させる際には，アカウンタビリティ，すなわち責任をどう「とらせる」のかについての議論が重要となる．本章では評価がもつ機能の1つである「アカウンタビリティの確保」に着目し，日本における効率の流行が評価に与えた影響と帰結を「アカウンタビリティの確保」の視点から述べ，日本の政府改革の誤りを明らかにする．アカウンタビリティとは制裁（sanction）を背景に外部から明確な基準等に従うことを強制する責任概念であるが，日本では 'accountability' という英語を「説明責任」という日本語に置き換えて概念を矮小化させるなどアカウンタビリティに対する理解が不十分である．加えて，第1章で言及した新自由主義的な価値を帯びる NPM の影響を受けた政治からの指示によって政策評価そのものが変容してしまったため，日本では政策評価による政策のアカウンタビリティの確保は困難になっている．

　他方で，こうした政治からの要請に鑑みると日本では管理評価によるマネジメントのアカウンタビリティ確保の議論がなじみやすいと考えられる．しかし，このマネジメントのアカウンタビリティ確保も容易ではない．厳密な客観性は特定の価値のなかでのみ成立する点，政策評価と管理評価は相互依存の関係にある点，欧米諸国と日本とでは行政文化が大きく異なる点，そもそも評価とはどのような概念であるかという点への理解が不足しているからである．また，

日本では管理評価の前提である業績測定が不正確なまま実施されている状況も，管理評価によるマネジメントのアカウンタビリティ確保をより困難にしている．これらの理由から，現状では評価が日本の行政組織をアカウンタブルな組織に変化させる可能性はきわめて低い．以下ではこれらについて具体的に述べていく．

＋ 1．アカウンタビリティの概念整理

（1）説明責任とアカウンタビリティ

　政策評価の本来の機能は政策の質や有効性の担保にある．この政策の質や有効性は公共サービスの受け手である国民や市民にとって重要であることは言うまでもない．このサービスの受け手の視点に関して，中央府省で政策評価が導入された当初，政策評価には「国民に対するアカウンタビリティ」確保の機能も期待されていた．つまり，政策評価の実施によって政策を取り巻くアクターの構図を中心とした政策情報，すなわち政策のアカウンタビリティの仕組みが明らかになると同時に，政策そのものの質的改善が起こるという理想的な想定が存在したのである．では，この「国民に対するアカウンタビリティ」は，当初の想定どおり政策評価によってうまく確保されているのだろうか．

　そもそも，日本においてはアカウンタビリティ（accountability）は「説明責任」と訳され広く認識されている．この認識は2000年12月8日に出された答申「国際社会に対応する日本語の在り方」を契機に広がった．これは，日本の国語政策を議論する国語審議会が，1993年11月に文部大臣から受けた諮問「新しい時代に応じた国語施策の在り方について」に対して出した答申である．同答申において，国語審議会は「一般への定着が十分でなく，日本語にいいかえた方が分かりやすくなる語」の1つにアカウンタビリティをあげ，訳例として「説明責任など」と記した［国語審議会 2000］．説明責任という言葉は，村山富市連立政権下の1994年，行政改革委員会行政情報公開部会における情報公開制

の審議途中［総務省 2013］から広く用いられるようになった［新藤 2001：203］.

　しかし，アカウンタビリティとは元来一言で表現することが難しい多義的な概念である．この表現の難しさは，アカウンタビリティという言葉に対応する概念が日本社会に存在しなかったからである［山谷 1999：31］．それゆえ，これまでアカウンタビリティはそのまま原語で使用されるほか，さまざまな訳語があてられてきた．たとえば，足立忠夫はアカウンタビリティを「弁明的責任」と表現し，「行為者が問責されたときに，その行為の外面的な結果が少なくとも召命者の指示した規準に合致していることを弁明しなければならないところに成立する概念である」と述べている［足立 1976：235］.

　また，その英単語が「account」と「ability」で構成されているように，アカウンタビリティの起源は計算によって説明できることにあるため［足立 1976：235］，会計責任を想起させる場合も多い［山谷 1991：152］．会計責任としてのアカウンタビリティは封建時代から存在したといわれるが，絶対主義を経て近代に至る過程で予算制度が整備されるにつれ，予算執行と決算の責任を基礎にした予算責任ないしは財務責任として定着した［西尾 1990：358；山谷 1991：152］．その後，アカウンタビリティは行政機関が政治的機関に対して負う制度的責任を指すまでに拡大したため，法的責任と訳されることが多くなった［西尾 1990：358］.

　詳細は後述するが，このようにアカウンタビリティの意味内容は時代を追うごとに拡大していった．しかし，アカウンタビリティの本質を一言で表現すれば，「行為の結果について自ら説明（account）する能力（ability）を求めること」［山谷 2002b：161］にある．先の足立の表現を借りれば，アカウンタビリティとは行為者（命じられた者，代理人）から召命者（命じた者，本人）に対して生じるものであり，召命者から見れば統制手段となる．アカウンタビリティが機能するためには，本人以外の誰かが何らかの強制力を背景に，その誰かが求める価値を実現したのどうかをあらかじめ指定・明示した方法によって確認する，という条件を満たす必要がある［山谷 2002b：162］.

表2-1　アカウンタビリティの7タイプ

タイプ	現在考えられる確保の方法	基　準	主な背景
1	Political Accontability（政治のアカウンタビリティ）	選挙，住民投票，リコール	民意という視点での正統性，応答性，必要性，公平性，優先性．	政治学
2	Constitutinal Accountability（統治構造のアカウンタビリティ）	議会による統制，分権，公と私の見直し	制度による正統性．	憲法学行政法学
3	Legal Accountability（法令のアカウンタビリティ）	裁判，審判，会計検査，行政監察	合法性，合規性，準拠性，適正手続（デュー・プロセス）．	行政法学行政学
4	Administrative Accontability（行政運営のアカウンタビリティ）	行政監査・監察，財務監査，会計監査	手続・規則への準拠性，効率（能率）の妥当性，適切性．	行政管理論監査論
5	Professional Accountability（専門職のアカウンタビリティ）	資格，同僚の目，学会，評価研究	専門能力，研究能力，専門的妥当性．	各専門分野
6	Management Accountability（マネジメントのアカウンタビリティ）	実績評価，業績測定，ベンチマーク，コスト分析，管理評価	効率（能率），生産性，業績，負担と効果の公平性．	経営管理会計学
7	Policy Accoutability（政策のアカウンタビリティ）	政策評価，プログラム評価，事業評価	有効性，目的達成度．	政策学行政学

出典：山谷［2002a：218；2006：233］より筆者作成．

　このように，アカウンタビリティは外部者に強制されて実現するものであり，行為者が自ら主体的に取り組むことを想定していない［山谷 2002b：162］．問いかける主体が欠如する場合，そもそもアカウンタビリティは十分に成立しないのである［田辺 2005：67］．したがって，アカウンタビリティを理解し，実践するためには，① 誰が誰に対して何について説明し，誰に納得してほしいのか，② その際の判断基準は何で，説明する内容はどのような方法・手段を使って集めた情報なのか，③ 事前・中間・事後のどの時点で説明するのかの3つを召命者が理解するとともに，事前に明確にしておくことが重要となる［山谷 2012a：189］．

　また，表2-1のようにアカウンタビリティにはいくつかのタイプとそれぞれに応じた追及手段がある．アカウンタビリティを追及する際にはそれぞれの

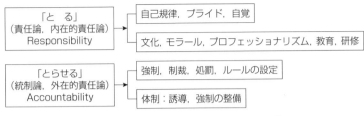

図 2-1　レスポンシビリティとアカウンタビリティ

出典：山谷 [2008a：247].

タイプに応じたオーダーメイド化を実施する必要がある [山谷 2006：226]．行
為者自らが追及したいアカウンタビリティに対して適切な手段を選択すること
で，はじめてアカウンタビリティは確保されるのである．

（2）レスポンシビリティとアカウンタビリティ

　もっとも，行政における責任はすべてアカウンタビリティによって追及する
ことはできない．アカウンタビリティでは追及できない責任の領域が存在する
からである．この領域ではもう 1 つの責任概念であるレスポンシビリティ（re-
sponsibility）によって責任が果たされる（図 2-1 参照）．

　レスポンシビリティとは，端的にいえば「法的に見ても道徳的に見ても正し
いことを行うこと」[山谷 2002b：165] である．ここでの道徳は行為者個人の良
心に依存するため，責任の判定者は行為者自身となる．こうした特徴からレス
ポンシビリティは自律的能動的責任とも呼ばれる．アメリカの政治学者である
フリードリッヒ（Carl J. Friedrich）は，議会による統制が有効に機能しなくなっ
たことを理由に行政責任におけるレスポンシビリティの重要性を説いた．フリ
ードリッヒは行政官自身が専門家として与えられた職務を正しく遂行すること
が肝要だと述べ，責任ある行政官の要素として技術的知識（technical knowl-
edge）と民衆感情（popular sentiment）の 2 つをあげた．しかし，レスポンシビ
リティは自ら「とる」責任で職業倫理的な志向をもつため，この 2 つの要素を
確保する手段は抽象的で制裁の手段もない．したがって，過度にレスポンシビ

リティを強調すれば，行政の独断専行，権威主義，パターナリズムなどの危険性が増す.

　レスポンシビリティとは逆に，アカウンタビリティは行政統制の方向に作用する責任概念である．前節で述べたように，アカウンタビリティの本質は責任を「とらせる」ことにある．アカウンタビリティは「いわれたことをきちんとやっているかどうか」を問う責任なのである．イギリスの行政学者であるファイナー（H. Finer）は，先のフリードリッヒとは対照的に行政責任においてこのアカウンタビリティを重視した．民主的政府における責任とは議会による伝統的で民主的な外在的統制を基本とするべきと考えたファイナーは，フリードリッヒの言う新しい責任概念はあくまでも補助的なものにすぎないと批判したのである.

　フリードリッヒとファイナーが展開したこの行政責任論争は，今から70年以上も前の1930年代末から1940年代にかけて起こった．この古典的な議論が現代の行政学会においても繰り返し言及される理由は，「回顧と展望の狭間で『責任ある行政とは何か』という解答なき問いをめぐって真剣に論争を戦わせた両者の熱気が伝わってくるからであろう」[西尾（隆）1995：285] といわれる．ひるがえって，こんにちの日本の行政実務ではこの行政責任論争の存在もあまり知られておらず，責任概念のうちアカウンタビリティのみが強調されることが多い．しかし，レスポンシビリティと同様にアカウンタビリティは万能ではない．事なかれ主義，法規万能主義，前例踏襲主義などがその代表であるように，行き過ぎた統制は官僚の無責任という病理を引き起こすおそれを秘めているからである.

（3）アカウンタビリティの拡大

　アカウンタビリティはかつてレスポンシビリティを構成する価値の1つであった．レスポンシビリティの起源は古く，いわゆる正統派行政学の時代がアメリカで終焉を迎えつつあった時期までさかのぼる．当時を代表する行政学の古

表2-2　行政が守るべき価値とその代表的な失敗例

	価値	代表的な失敗例 (mal-administration)		価値	代表的な失敗例 (mal-administration)
1	応答性 (responsiveness)	現場の住民の意識を汲み上げない	7	率直さ (candor)	率直に失敗を認めないため問題をひどくする
2	柔軟性 (flexibility)	硬直的な対応	8	有能さ (competence)	政策手段の選定ミス，行政の無知無能，職員のやる気のなさ
3	一貫性 (consistency)	一貫性の欠如	9	効力 (efficacy)	政策実施をめぐる自治体の権限不足，中央－地方関係の混乱
4	安定性 (stability)	安定した政策運営を妨げる政策資源不足（ヒトと予算）・時間不足	10	慎重性 (prudence)	慎重さに欠ける運営
5	指導力 (leadership)	首長のリーダーシップ欠如	11	適正手続 (due process)	手続きミス
6	誠実性 (probity)	不誠実な対応	12	説明可能性 (accountability)	説明が一切ない政策実施

出典：Gilbert［1959：375-8］，足立［1971：208-9］，佐川・山谷［2010：135］より筆者作成.

典，『行政学のフロンティア（The Frontiers of Public Administration）』に収録されている論文「行政のレスポンシビリティ（Responsibility of Public Administration）」では，著者のガウス（John M. Gaus）によってすでにレスポンシビリティが複数の価値から構成されることが述べられている［Gaus 1936：36；山谷 1991：147-8］.

　その後，前節で触れたフリードリッヒとファイナーの行政責任論争が起こった．この論争は当時の時代背景，すなわち「行政国家」現象によって議会による従来の行政統制が機能しなくなったことに起因する．こうして注目された責任論および責任の概念は，ギルバート（Charles E. Gilbert）によって精緻化された．ギルバートによれば，責任とは表2-2に掲げた12の価値から構成される［Gilbert 1959：375-78；足立 1971：208-209］．これらの価値を確保する方法を考える際に，ギルバートは外在的か内在的か，公式か非公式かで分類したマトリッ

クスを提示した［Gilbert 1959：382］.

　そして，元来レスポンシビリティの一部であったアカウンタビリティは1980年ごろから拡大し，レスポンシビリティを浸食していく［山谷 1997：190］.　行政において責任の対象が手続重視から次第に内容重視へと転換する過程で，業績や有効性も担保することが求められ，その手段の開発が進められたからである.　それまでは行政責任論のなかに行政統制論が位置付けられ，前者でレスポンシビリティが，後者でアカウンタビリティが論じられていた.　アメリカ会計検査院（Government Acoountability Office）が政府に追及するアカウンタビリティを時代ごとに変化させたことは，この典型的な例である.

　こうした経緯から，アカウンタビリティは「外部から」「明確な基準・法令・規則に従うこと」を，「制裁を背景に強制する」責任概念として特化された［山谷 2008a：247］.　他方，あくまでも個人の良心や倫理に依存するレスポンシビリティは実効性が担保されない.　このようなこんにちにおける行政責任論と行政統制論，いいかえればレスポンシビリティとアカウンタビリティは，いわゆる「コインの表裏」の関係にあることは，日本の行政現場ではほとんど注目されていない.

┼ 2．日本における政策評価とアカウンタビリティ

（1）中央府省における政策評価とアカウンタビリティ

　さて，このような特徴をもつアカウンタビリティは日本において政策評価とどのように結びついていったのだろうか.

　まず，中央府省における政策評価は，いわゆる「橋本行革」の時代に行政内部の積極的なイニシアティブによって導入された.　1997年12月に行政改革会議が提出した最終報告書では，政策の評価を事前または事後に厳正かつ客観的に行うことで，政策の不断の見直しや改善が起こると期待されていた［行政改革会議 1997］.　なお，同報告書では説明責任は評価結果の政策への反映について

のみ述べられるにとどまり，アカウンタビリティという言葉は見当たらない．

　他方，1998年3月に発足し，通商産業省に事務局が置かれた政策評価研究会の最終報告書では，政策評価の目的として施策等の質の向上と行政の説明責任が掲げられている［政策評価各府省連絡会議 2001］．後者の行政の説明責任とは，施策・業務について行政関与が必要であるか，行政活動の内容は国民ニーズに応答的であるか，行政活動は効率的に実施できているかの3点に対する説明責任（アカウンタビリティ）であると定義されている［政策評価研究会 1999：17-21］．この定義は行政改革委員会「行政関与の在り方に関する基準」（1996年12月）［行政改革委員会 1996a］に準拠している．同基準の考え方をまとめた行政改革委員会「行政関与の在り方に関する考え方」（1996年12月）では，基本理念の1つである「行政の関与を見直す際の基本的考え方」においてアカウンタビリティの確保が掲げられており［行政改革委員会 1996b］，アカウンタビリティは行政活動の適否に関する「挙証責任」という意味で用いられている．

　そして，先の行政改革会議の最終報告書の理念および方針を法制化した「中央省庁等改革基本法」（1998年6月）を根拠とした「中央省庁等改革の推進に関する方針」（1999年4月）に基づき，「政策評価の手法等に関する研究会」（1999年8月）が設置され，計15回にわたって研究会が開催された．この研究会では第1回と第10回を除いてアカウンタビリティと説明責任が区別されていたが，最終報告（2000年12月）では政策評価の導入の目的の1つに「国民に対する行政の説明責任（アカウンタビリティ）の徹底」と掲げられ，説明責任とアカウンタビリティは同義であるかのような表現になっている．なお，この最終報告では，「行政の説明責任（アカウンタビリティ）」は「法令や手続を遵守しているかという手続的な側面についての説明責任に加え，一定の資源のなかで効果的・効率的に成果を上げているかという結果についての説明責任を果たすこと」と定義されている［政策評価各府省連絡会議 2001］．

　この最終報告の内容は「政策評価に関する標準的ガイドライン」に引き継がれる．このガイドラインでは，政策評価とは「国の行政機関が主体となり，政

策の効果等に関し，測定又は分析し，一定の尺度に照らして客観的な判断を行うことにより，政策の企画立案やそれに基づく実施を的確に行うことに資する情報を提供すること」と定義されている．ここにもアカウンタビリティないし説明責任という言葉は見当たらない．ただし，2001年に法制化された政策評価法の第1条では，政策評価の目的の1つに「政府の諸活動について国民に説明する責務を全うすること」が掲げられている．これは，先の最終報告であげられていた政策評価の目的がこのガイドラインに引き継がれたことに由来すると考えられる．

ここで強調しておきたいことは，説明責任とアカウンタビリティは同義とされたりされなかったりと，両者の区別は非常にあいまいであったことである．前節で紹介した本来の意味でのアカウンタビリティはほとんど意識されていなかった．したがって，アカウンタビリティは何の抵抗もなく説明責任という言葉に置き換えられ，アカウンタビリティの意味は矮小化された．

また，導入当初は政策評価には総合評価（プログラム評価）的な役割，すなわち① 政府全体における政策調整機能，② 政策の企画立案に携わる者の学習，③ キャパシティ・ビルディングが想定されていた ［山谷 2011：231］．ところが，こうした総合評価としての政策評価の役割は，政策評価の導入時に先行事例調査に赴いた諸外国で NPM が流行していたことや，評価の担当組織を政策系組織ではなく官房系組織に置いたため ［山谷 2011：208］，次第に失われていく．とくに，2001年6月に閣議決定された経済財政諮問会議の「骨太の方針」と，これをふまえて設置された「新たな行政マネージメント研究会」が提出した報告書 ［新たな行政マネージメント研究会 2003］によって，NPM の思考様式は日本でも広く普及した[2)]．

これ以降，本来の政策評価において用いられる評価規準ではない効率が求められるようになり，職員数や病院のベッド数など主としてインプット指標を重視する効率を考えることが主流となったため，「評価結果を予算に反映させる」という誤った考え方も導き出された．政権交代前後における政治からの指示も

相まって，こうした予算への反映と効率の主流化（efficiency mainstreaming）は政策評価の本来の目的や機能を変質させた［山谷 2011：231］．さらに，数字にこだわる効率化を求めた結果として，日本の政策評価は行政管理型の評価の性格を強めた［山谷 2010：218］．こうして政策評価に期待されていた政策の質や有効性，そしてその確保のためのアカウンタビリティ機能は弱められてしまったのである．

（2）自治体における評価とアカウンタビリティ

　この行政管理型の評価は自治体でも同様に普及した．評価の先駆的自治体である三重県の取り組みは評価制度を導入した多くの自治体に大きな影響を与えた．三重県では，北川正恭知事が就任1年目であった1995年から，「さわやか運動」と呼ばれる職員の意識改革が始められた．この運動は有効かつ低コストで政策を形成・実施することを目的とし［梅田 2002：55；窪田 2005：83-111］，具体的方策の1つとして事務事業評価が注目された．こうした経緯から1996年に導入された事務事業評価システムは，目的―手段関係の明確化と，それを論理的に作り上げていくプロセスとしての政策形成を目的としていた［梅田 2002：55］．事務事業評価システムは当初このような性格を有していたが，改良の際に予算担当課が参加したことで，事務事業評価システムの目的が意識改革からアカウンタビリティや政策選択へと次第に変化していく［窪田 2005：133］．

　三重県の事務事業評価システムでのアカウンタビリティは，政策に関するさまざまな情報の公開を前提とし，それに対して行政が説明を行う責任がある，というような意味で用いられている[3]．国においても同様に情報公開の文脈でアカウンタビリティが説明責任という意味で用いられており[4]，情報公開法に関する文献の多くもアカウンタビリティを説明責任と同義として取り扱っている[5]．つまり，日本では情報公開の議論が政策評価の議論に先行して進められ，情報公開の文脈で政策評価が語られた結果，説明責任としてのアカウンタビリティ確保が政策評価に求められる機能となった可能性がある．

　三重県の事務事業評価システムの性格の変化について，窪田好男はそれまで
の分析型政策評価に判決型政策評価の視点を加えたと表現している．分析型政
策評価では，政策の変更や終了など政策改善を目的に，政策のインパクトを対
象として実施政策の微調整や政策そのものの改善，政策目的の見直しなどが行
われる［窪田 2005：28-30］．分析型政策評価では，公共政策学でしばしば議論さ
れる政策内容の変更に踏み込むことになる[6]．これに対して，判決型政策評価
では行政の責任の立証を目的に，アウトカムを対象としてアカウンタビリティを
通じた行政統制が行われる［窪田 2005：20-22］．目的と成果の明記，そして成果
指標を数値で求めた帰結として，表2-1で示した追及するアカウンタビリテ
ィのタイプが7から4や6へ変化したのである．

　こうした傾向にあった三重県の事務事業評価システムは，国と同様にNPM
の世界的流行を契機として誤ったかたちで他の自治体に伝播していく．デフレ
や円高，景気悪化という当時の経済環境や，当時の小泉内閣による三位一体の
改革の影響によって財政が逼迫していたからである．三重県の改革自体は
NPMからの影響を受けていないが［窪田 2005：103］，マネジメントの強調など
結果的にNPMの考え方と一致する部分もあったことから三重県の改革は
NPMの1つとして理解された．こうして，後続のほとんどの自治体で評価は
行政評価という名称で定着した．

　もっとも，三重県と同時期の1990年代の終わりごろに評価を取り入れた北海
道庁，秋田県庁，岩手県庁などの自治体では，本来の政策評価の議論が行われ
ていた．また，この本来の政策評価の議論は20世紀末に大きな動きを見せた地
方分権改革の際に盛り上がりを見せてもいた．こうした動向があったにもかか
わらず，評価が本来の政策評価ではなく行政評価として定着した理由としては，
政策的思考の未熟，コスト削減のみの現場の業務運営，既存組織を前提とする
組織態勢，不適切・ミスマッチな政策研修などが指摘されている［山谷 2012a：
185-88］．事業実施主体の側面が強い自治体の特性や，前節で述べた政策評価の
文脈ではない「効率」の希求なども加わり，本来の政策評価の議論は地方自治

体ではかなり早い段階で急速に影をひそめていった.

　この結果として, 日本の行政評価には本来の政策評価とは異なる部分が指摘されている. たとえば, 内部管理事務が評価対象に含まれていることや経費削減が評価のおもな目的となっていることや, 政策評価が行政評価に含まれていることもある地方自治体では政策の定義がないために混乱している場合もあることである [山谷 2012a：166-69]. これらは確保したいアカウンタビリティの内容について召命者自身も混乱していることや, アカウンタビリティの内容が政策ではなくマネジメントであることを表している.

（3）政策評価とアカウンタビリティについての課題

　以上をふまえて, 日本における政策評価とアカウンタビリティに関する問題点についていくつか指摘したい.

　まず, アカウンタビリティを説明責任と呼ぶことについての問題点である. アカウンタビリティが説明責任に置き換えられた経過はすでに述べたとおりであるが, ではなぜそれが問題になるのだろうか. この理由はアカウンタビリティを「説明責任」と呼べば, 行為者が「説明すればいい」と誤解し, 召命者を含めた説明を受ける側の納得や判断基準, 説明する内容の情報源などを軽視するおそれがあるからである. また, 仮に行為者が内容をともなわないレトリックを用いて説明した場合でも, 説明を受ける側がそれに気づかないおそれもある [DeLeon and Martell 2006：42]. こうした事態を避けるためには, 説明を受ける側が説明内容, いいかえれば問いかける内容について事前に十分に理解する必要がある. つまり, アカウンタビリティを追及する説明を受ける側の能力が求められるのである.

　また, 行政改革会議が提出した最終報告書では, 政策の評価を事前または事後に厳正かつ客観的に行うことで, 政策の不断の見直しや改善の実現が期待されていたが, この客観性についてもアカウンタビリティと強い関連がある. 客観性は評価学ではしばしば議論される点であるが, 「誰のための評価か」, いい

かえれば「誰が評価するのか」，評価主体によって評価結果は変わるからである．評価においても厳密な客観性は特定の価値の内側でしか成立しないため，「どのアカウンタビリティを確保させたいのか」は「どんな価値を守らせたいのか」と同義となる．

アカウンタビリティの確保においては問責者（召命者）と答責者（行為者）の役割の明確化が重要となる．評価を通じてアカウンタビリティを実現したいのであれば，評価における問責者と答責者の役割を明確にした組織体制を整備していかなければならないが［山谷 2008a：247］，日本ではこの点が十分に理解されていないために評価を通じたアカウンタビリティの確保が難しいのである．しかし，こうした組織体制を整備していこうとすれば，究極的には権力分立，すなわち日本の統治構造に突き当たるとの指摘もある［南島 2013b：65］．これまでの日本の行政制度や公務員文化はレスポンシビリティに依存している傾向があり，アカウンタビリティを前提に形成されていないのである．

加えて，客観性の論点の際に述べた価値を守らせるという点からは，アカウンタビリティの背景に制裁が必要であるが，日本においては制裁が存在しないことが多い．そればかりか，追及される側である行政がアカウンタビリティの確保を強調する場面も見られる．田辺が「強制された自己評価」と表現するように［田辺 2001：9］，日本の政策評価は行政側が自らの担当する政策について説明してアカウンタビリティが確保されることになっているからである．この責任確保の構造はレスポンシビリティそのものである［山谷 2008a：247］．仮にレスポンシビリティの実現が目的ならば，教育や研修の機会をさらに増やさなければならないが（図2‑1参照），そうした動きはほとんど見られない．他方，本来のアカウンタビリティの実現を目指すのであれば，すでに指摘した召命者の能力向上とともに制裁の事前の明示と実効性の確保が必要となる．

他方で，アカウンタビリティを確保する方向で体制を整備することにも課題はある．アカウンタビリティ確保の要請と業務の効果的な執行の要請とのあいだには緊張関係があることは，行政学において古典的なジレンマの1つとして

知られている［Self 1981：335］．アカウンタビリティを確保するために各種制度や組織を整備すればするほど行政の事務量が増加し，本来業務に支障が出るからである．この現象はいわゆる「アカウンタビリティのジレンマ」と呼ばれるが，アカウンタビリティ追及と組織学習のあいだにもジレンマは存在する［山谷 2012a：223-224］．これは，先ほど提示した分析型政策評価と判決型政策評価の概念を用いれば理解しやすい．つまり，行政の責任の立証ばかりを追及してしまうと行政側が委縮し，失敗をおそれるあまり実験的な試みを実施しにくくなるという現象である．政策の変更や終了などの政策改善は政策の失敗を前提とするが，失敗をしなければ行政組織が学習する機会が生まれない．

　最後に，確保するアカウンタビリティの内容について指摘したい．表 2-1 からもわかるようにアカウンタビリティは多様に存在するが，このうち政策評価によって確保できるアカウンタビリティは政策の有効性や目的達成度が基準となる「政策のアカウンタビリティ」である．しかし，日本においては効率や業績が重視されていることに鑑みれば，評価によって確保しようとされているアカウンタビリティは「マネジメントのアカウンタビリティ」といえる．その場合，確保の方法は政策評価ではなく行政管理型の評価，すなわち管理評価なのではないだろうか．では，日本においてこの管理評価はマネジメントのアカウンタビリティを追及する手段となり得るのだろうか．

＋ 3．管理評価の可能性

（1）管理評価とは

　日本の評価制度に NPM が大きな影響を与えたことはすでに述べたとおりである．NPM からの影響によって日本では政策評価と称した業績測定型の評価や海外では見られない行政評価が導入されたが，業績測定の起源は第 1 章で述べたように20世紀初頭から半ばにかけてのアメリカにある．政治腐敗や資源浪費が顕著であった時代背景から，全米各地の市政調査会が節約と能率をキーワ

ードに行政に内部改善を促したことが業績測定の起源である．政策の領域以外の業績測定は現在では予算管理と定員管理のための情報収集を目的とするが，この2つに予算統制の視点を加えたものが管理評価である［山谷 2012a：112］．

　管理評価とは，「管理の態勢と方式そのものの作動状況を評価すること」［西尾 1976b：2］で，1972年にイギリスで初めて公的な制度として位置付けられた[7]．そもそも，この管理評価の「管理」とは，その言葉がもつ一般的なイメージとは異なり，行政学では次のように定義される．すなわち，「組織目的の効率的・能率的達成のために組織態勢そのものの維持発展を図るもの」［西尾 1976b：1］，「摩擦の解消，政策の調整および実行手段の統合」［三宅 1974：20］，「一般に所与の仕事を効果的に行うためにするくふうないしはたらきで，現状の改善と向上を図る所にその真義が存する．またその指導理念は刷新（inno-va-tion）と創造（creation）に求められねばならない」［田中 1976：221-222］，「ダイナミックかつ日常に密着した活動で，人間の主体的な行為」［西尾 1991：58-59］などである．したがって，「管理の硬直化」という言葉は概念矛盾を起こしていることになる［西尾 1976b：2］．この管理の機能には，①資源の調達と配分（基幹的管理），②日常業務の改善（狭義の管理），③組織目的に関する企画・情報・評価の活動を促進する態勢を整えること（広義の管理）の3つがあり，管理評価は広義の管理までを射程に入れている［西尾 1976b：2-3］．

（2）アカウンタビリティの視点から見た管理評価と政策評価

　この管理評価をアカウンタビリティの視点から見た際，政策評価とどのような関係にあるのだろうか．

　まず，前節の最後で指摘したとおり，管理評価と政策評価では追及できるアカウンタビリティが異なる（表2‐1参照）．これに関連して両者は評価対象が異なる．具体的には，管理評価の評価対象はアウトプットの領域までだが，政策評価の評価対象はアウトカムないしはインパクトの領域までをも含む（図2‐2参照）．管理評価は政策評価よりも評価対象のコントロールが容易なため，追

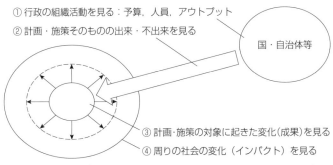

① 行政の組織活動を見る：予算，人員，アウトプット
② 計画・施策そのものの出来・不出来を見る

国・自治体等

③ 計画・施策の対象に起きた変化（成果）を見る
④ 周りの社会の変化（インパクト）を見る

図2-2　政策とその評価対象

出典：筆者作成.

及できるアカウンタビティの範囲は政策評価よりも限定的になる．財政危機が懸念され始めてからの日本では，中央府省・自治体ともに時代の要請からマネジメントの改善に関心を向けざるをえない状況にあるが，管理評価はこの状況に適した評価手法である．

　他方で，管理評価は「広義の管理」の機能が含まれるため，政策評価の基盤を形成し，政策評価（制度として位置付けられた当時のイギリスではプログラム分析評価）を支援する機能をもっている．この「広義の管理」では管理が組織目的に関する活動を補助する．つまり，管理の内容は組織目的に依存し，それにともなって評価内容も変化することになる．したがって，「管理」の究極的な合理性の評価には政策評価が先行していなければならないのである［西尾 1976b：2；加藤・加藤・佐藤ほか 1985：59］．

　政策評価が管理評価に先行する必要性は，政策評価のプロトタイプともいえるプログラム評価（Program Evaluation）の理論でも言及されている．たとえば，評価論の著名なテキスト『プログラム評価の理論と方法（Evaluation: A Systematic Approach）』では，「評価階層（evaluation hierarchy）」の理論，すなわち評価は図2-3のように階層をなすことが示されている［Rossi, Lipsey and Freeman 2004：79-81］．つまり，ある評価はその下部にある評価を前提にしてはじめて議論が可能となり，下部にある評価が明確でないと評価全体が揺らぐ点が指摘

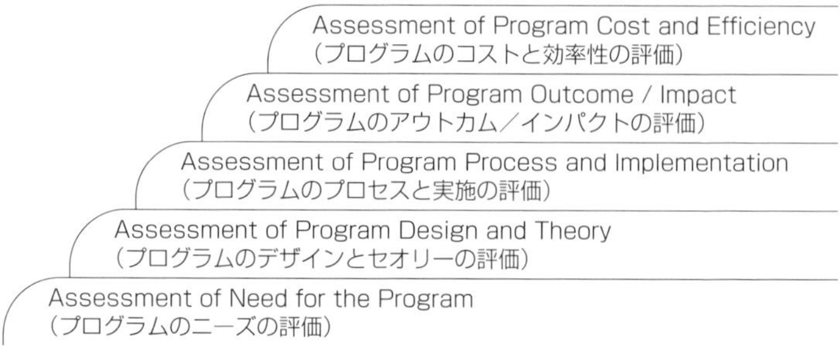

Assessment of Program Cost and Efficiency
（プログラムのコストと効率性の評価）
Assessment of Program Outcome / Impact
（プログラムのアウトカム／インパクトの評価）
Assessment of Program Process and Implementation
（プログラムのプロセスと実施の評価）
Assessment of Program Design and Theory
（プログラムのデザインとセオリーの評価）
Assessment of Need for the Program
（プログラムのニーズの評価）

図 2 - 3　評価階層（evaluation hierarchy）

出典：Rossi, Lipsey and Freeman ［2004：80］.

されているのである［南島 2011：68-69；山谷 2012a：211-212］．したがって，最上部に位置するコストや効率の評価のためにはアウトカムやインパクトがある程度明確である必要があるが，これらを計量的に測定することは困難である．さらにいえば，当該事業や業務の必要性が問題となっているときにコストや効率の評価を持ち出すことはほとんど無意味なのである．

　この指摘は日本における管理の在り方を検討するうえで非常に重要である．「適切な管理」と言ったとき，そこには唯一絶対の基準や尺度があたかも存在しているような印象を受ける．しかし，この「適切な管理」という言葉には無意識であれ発言した当人の考え方，すなわち個人の価値観からの影響がある．したがって，「適切な管理」の考え方や価値観が明確で，かつそれらが組織メンバーに共有・了承されていないと，「適切な管理」を評価することはできないのである．

（3）管理評価とアカウンタビリティ

　では，この管理評価を通じて日本においてマネジメントのアカウンタビリティを追及することはできるのだろうか．これまでの議論をふまえると，それは以下の理由から困難だといえる．

　1つめに情報公開の限界があげられる．アカウンタビリティを追及する際に

は，事前に決められたことを実行しているかどうかを確認する作業が必要となる．しかし，行政が実施している日常業務の運用実態のすべてを外部から把握することは不可能である．現代は正統派行政学の時代と比べて行政の規模は拡大し，業務も飛躍的に複雑化しているからである．しかも統制には監視のコストがかかるため，統制を強めれば強めるほど重視するべきはずの効率化とは逆の方向に舵を切ることになる．この監視のコストの問題は日本のアカウンタビリティの議論のなかで取りあげられることは少ない．NPMでは効率性を外部から検証可能なレベルにまで引き上げることが求められるが，そもそもレスポンシビリティに依存し，アカウンタビリティを前提に形成されていない日本の行政制度や公務員文化を，財政難のなかでアカウンタブルなものに変えていくには膨大なコストや時間がかかってしまう．こうして当たり障りのない単純な指標が採用され，管理が形骸化してゆくおそれもある．

　2つめに管理評価の前提としての業績測定［加藤・加藤・佐藤ほか 1985 : 66］が適切に行われていないことである．典型的な例は人件費削減である．財政再建が語られるとき，人件費削減は中央府省・地方自治体を問わず，あらゆる行政機関で真っ先に取り上げられる．他方で，人件費削減の根拠となるべき職員の勤務時間の実態把握は十分とはいえない．公会計制度の導入はあるにせよ，政策のコストの不明瞭さも職員の勤務時間の実態把握の不十分さが原因にあり，結果として業務量ないし事業量を把握できるレベルに達していない．アカウンタビリティはもとより，こうしたエビデンスを求めることは評価の議論では重要であるが，この論点は日本の行政現場ではあまり目にしない．第5章で詳述する勤務時間の建前と実態の乖離をふまえると，業務量ないし事業量の把握が短期的には人件費を増やすことになるかもしれない．しかし，人件費として現れていない職員の労働は，政策の質や行政の健全性の視点からは必要なコストである場合も考えられる．建前上の削減ありきではなく，こうしたマネジメントの部分でも必要なものにはコストを惜しまない姿勢も重要である．

　3つめは価値観の問題である．よりミクロなレベルである管理評価でもこの

問題は発生する．定められた目標を解釈し，それを指標化する際に個人の価値観からの影響を受けるからである［山谷 2000b：85-86］．たとえ量的に測定できる指標であっても，測定結果のとらえ方が個人の価値観に左右される可能性は排除できない．たとえば，ビンに半分入った水を「もう半分しかない」ととらえる人もいれば，「まだ半分はある」ととらえる人もいるからである［佐々木 2010：38］．この価値観の問題をあいまいにしたままであれば，事後にアカウンタビリティを追及することは困難となる．費用対効果（Benefit／Cost）によるコスト算出が多様にならざるをえない背景の1つには，この問題が深くかかわっている．

　4つめに，そもそも評価とはどんなものかが十分に理解されていないことである．たとえば，最近では中央府省や多くの自治体で人事評価が導入されているが，これまで実施されてきた人事考課との違いを明確に示していることは少ない．かつてサイモンは管理情報を3つに分類したうえで，同一の情報が受け取り手の立場やとらえ方によって変化し，時に弊害を生むことを指摘している［Simon, Kozmetsky, and Guetzkow et al. 1968：15-23］．これをふまえ，西尾勝は評価結果をその精度にみあう程度以上の用途に使用しないように忠告している［西尾 1976a：208-209］．先の価値観の問題とも関係するが，人事考課ではなく人事評価として実施する際，この点はアカウンタビリティとの関係でも十分に注意する必要がある．具体的には，評価規準は何で，評価者がどう行動すればどのような評価結果になるのか，これらを評価者と被評価者の間で事前に共有しておかないと，被評価者から事後に不服申し立てがあった際に評価者が明確な回答ができず，アカウンタビリティ確保も不十分なものになってしまうからである．この点については第6章で詳述する．

　5つめに，日本と欧米諸国，とくにアカウンタビリティの概念やNPMが発達したアングロサクソン諸国では行政文化が異なることである．この行政文化の違いはアメリカでの行政学の発展過程，またO&M（Organization and Methods）に代表されるイギリスの自己改善の伝統からも明らかである．以上で述

べた評価や測定について，欧米諸国がこんにちまで理論的にも実務的にもさまざまな経験をしてきたことはこの過程や伝統と無縁ではない．かつて定量的傾向をもつ行政改革として流行したPPBSは，日本も含めて世界各国で導入が検討されたが，その際，本国アメリカでの経過や自国の制度・文化との親和性はあまり検討されていなかった［加藤 2008：145-55］．こうした行政文化の違いを考慮しないまま制度だけを導入しても，当該制度がうまく機能するはずもない．この点はこれまで議論してきたアカウンタビリティと説明責任の混同の経過からも指摘することができる．

＋　おわりに

　以上では，政策評価と管理評価のそれぞれについて，日本の現状をふまえながら評価を通じてアカウンタビリティは確保できるのかどうかについて検討した．アカウンタビリティ確保のためには政策評価と管理評価の両方が重要となるが，結論からいえば日本ではどちらも難しく，しかもその原因は根深い．たとえば，政策評価と称しながら実際は管理評価，具体的には業績測定を実施している点である．評価についての理解や知識が不十分であるため，日本の評価においては実質的には管理評価が語られることが多い．また，管理評価を実施する際に注意すべき点もほとんど考慮されていない．

　ひるがえって，アカウンタビリティが求められるようになった当初の目的は行政活動の公開であり，アカウンタビリティを確保することで行政活動が改善されると期待されていた．では，アカウンタビリティの視点から管理評価そして政策評価が適切に機能すれば，政策は改善されるのだろうか．これも現状ではあまり期待できない．客観的で科学的な政策分析に裏付けられた政策評価が政策の変化を導かない場合があることは指摘されており［DeLeon 1983］，日本においても近年の研究結果で実証されているからである［岡本 2012］．現状では政策終了をもたらすものは，エビデンスベースの冷静な議論というよりはむ

しろ政治的要因であるとの指摘も見られる［DeLeon 1983；山谷 2012b：62］.

　もちろん，評価の成否が政治の価値観に左右されることは行政の民主的統制の視点から悪いことではないが，政治はときに行政に悪影響をおよぼすこともある．評価学においては，評価主体とその価値観を考慮することが重要とされる．誰が何を求めて評価を行っているのか，この点を抜きにして評価を語ることはできない．では，政治家はどのような価値観をもっているのだろうか．あるいは行政組織に所属する職員は評価にどんな役割を求めているのだろうか．こうした評価主体のもつ価値観については本章では迫ることができなかった．次章では，問題の改善や情報提供という評価がもっている機能に着目し，「政策」と「管理」の違いについて見てゆく．

　注
1）　正統派行政学については第1章第2節（1）を参照.
2）　日本における NPM からの影響については第1章第3節（3）も参照.
3）　三重県議会の会議録からは，当時の北川知事をはじめ，行政側も議員側もアカウンタビリティをおおむねこのような意味で用いていることが確認できる（1997〜2003年）.
4）　たとえば，国会の会議録からは，1996年に当時の科学技術庁長官を務めていた中川秀直議員が，衆議院予算委員会（2月7日，2月20日），科学技術委員会（2月22日，6月13日），科学技術特別委員会（3月1日），決算委員会（9月3日），予算委員会（12月6日）での答弁において，アカウンタビリティをこのような意味で用いていることが確認できる.
5）　たとえば，宇賀［2000：5］，藤原［1998：34-35］，三宅［1999：144］を参照．ただし小早川［1999：13-15］のように，本章で述べた概念に近い記述が見られる文献もある.
6）　たとえば Knill and Tosun［2012：30］で政策内容の変更の議論がなされている.
7）　管理評価については第3章及び伊藤［1979］を参照.
8）　O&M については第3章第1節（2）を参照.

第3章 日本の公共部門における評価の導入と変容
──政策と管理──

╋ はじめに

　本章では評価がもつ改善機能や情報提供機能に着目し，政策評価と管理評価の混同や日本における効率の流行が評価におよぼした影響について実例をあげて明らかにする．評価は改善や情報提供のためのツールであるが，政策の改善を念頭に置くとき，政策評価と管理評価のどちらで評価するのか，すなわち問題の所在が政策そのものにあるのか，あるいは政策を支える二次的業務にあるのかを明確に区別することは重要である．しかし，日本においては不運にも評価が導入された時期と新自由主義的な価値を帯びた NPM が導入された時期はほぼ同じであった．このため，効率化や評価結果の予算への反映などの NPM の影響を受けた政治からの強い意向に引きずられ，日本の評価において上記の区別はあいまいになった．その結果，日本の評価は業績測定型中心の政策評価と管理評価が主流となり，外国ではほとんど見られない両者を合わせた行政評価という呼び名を生んだ．こうした過度の管理志向によって政策志向がおろそかになり，効果に乏しい政策が存続してしまうおそれがある．

　このような日本の評価の実例として名古屋市男女平等参画推進センターの指定管理者の評価を取り上げる．名古屋市男女平等参画推進センターの評価シートでは施設の維持管理についての評価が多く見られ，所管事業の実施と発展についての評価は少ない．本事例からの教訓として，① 評価対象と目的の明確

化の必要性，② 業績測定型の評価の限界，③ 改善範囲の矮小化をあげ，日本の現在の評価がなぜうまく機能していないのかについて述べる．そして，管理の本来の意義や政策管理と組織管理の違いを説明し，政策にも組織にも評価がない「プラン偏重」［増島 1981：20］のままで管理が形骸化していることを指摘する．

┼ 1．政策評価と管理評価

（1）アメリカにおける評価史

政策の失敗とは具体的に何を指し，その原因はどのようなものなのだろうか．政策の失敗の例としては，「そもそも政策の効果がなかった」あるいは「予期しない負の効果の発生により正の効果を減少あるいは打ち消した」などが想定される．失敗の原因には，政策デザインのミス，政策手段の選択ミス，外部要因による不完全な実施，やりすぎによる逆効果，人員不足，手続きミス，実施者の経験不足や能力不足など，さまざまなものが考えられる[1]．

ここでもう一歩踏み込み，「そもそもこうした失敗が起こらないように，政策作成者は事前にあらゆる想定をしたうえで事業を実施すべきだ」と考えることはごく自然なことである．しかし，この一見妥当と思える考え方に限界があることは行政学や政策学ではよく知られている．アメリカ合衆国のケネディ（John F. Kennedy）政権下で国防長官を務めていたマクナマラ（Robert S. McNamara）によって，1961年に国防総省の予算編成において初めて導入された PPBS の経験がその事例である[2]．PPBS は第 1 章第 2 節（3）でも触れたとおり，学術的にも厳密な分析手法を用いて政策の成果や費用を細部まで事前に見積もり，複数の政策を相対比較する試みである．当時は画期的と考えられた PPBS は 1965年にはアメリカ合衆国連邦政府の全省で実施されたが，わずか 6 年後の 1971年には廃止された．目的を達成する手段の代替案を多数並べ，それぞれを分析したうえで最適のプログラムを選択することは現実の行政運営上不可能で

あったからである．この PPBS の失敗によって事前評価の難しさが理解され，
アメリカ合衆国連邦政府内の評価は GAO（General Accounting Office（-2003），
Government Accountability Office（2004-））のプログラム評価が主流となった．こ
の変化は「分析から評価へ」，「事前評価から事後評価へ」，あるいは評価の現
実的な可能性を勘案した戦略的後退と評されている［西尾 1976a：193］．

　その後，アメリカではクリントン（Bill Clinton）政権時代に業績評価の一種と
して GPRA（Government Performance and Results Act）が導入された．さらに，
この GPRA はオバマ政権において GPRAMA（Government Performance and Re-
sults Act Modernization Act）へと継承・発展された．現在，アメリカ合衆国連
邦政府では「プログラム評価」と「業績測定」という2つの事後評価が展開し
ており，この2種類の評価は事後評価の基本類型として定着している．本章で
は，このプログラム評価と業績測定とのあいだの原理的なレベルでの識別に焦
点をあて，両者の違いを「政策」と「管理」の性質の違いに求める．

（2）プログラム評価と業績測定

　政策評価とは政策やプログラムの効果を直接に評価することである［山谷
1997：30］．事後評価に限定すれば，この政策評価は「プログラム評価」と「業
績測定」の2つに分類できる［南島 2018：188-90］．表3-1はこの2つの評価の
特徴をまとめたものである．まず，プログラム評価と業績測定の大きな違いの
1つに「科学への志向」があげられる．プログラム評価は政策の実施後に政策
効果を明らかにするために学術的な手法を応用するが，業績測定はそうした学
術的な意味での厳密な方法論にはこだわらず，あらかじめ定められた目標に対
する実績を測定する．それゆえにプログラム評価は検証や学習の領域まで到達
するが，業績測定は点検の領域に留まる．また，プログラム評価を実施するた
めには前提となる知識が必要になり，また評価結果を得るために相応の時間と
費用もかかるが，業績測定ではそうした知識・時間・費用は必要なく，比較的
容易に実施できる．この帰結として，プログラム評価は個別の政策を深掘する

表 3 - 1　事後評価の類型（プログラム評価型と業績測定型）

	プログラム評価型（evaluation）	業績測定型（mesurement）
科学主義への強度	強い	弱い（実用主義）
基本的な手法	社会科学の調査手法	実施状況の監視
アウトカムへの態度	政策実施後にアウトカムを多面的に検証	計画で示されたアウトカムとの離隔を事後に測定
関心の焦点	政策の事後検証と学習	サービス提供システムの点検
具体的制度（米・日）	GAO のプログラム評価，行政評価局調査（総合調査方式），社会的インパクト評価　等	GPRA，自治体評価，独法等の評価，府省の目標管理型評価（実績評価方式），事業仕分け　等
その他の特徴	個別型・深掘型	総覧型・悉皆型
学問的な背景	経済学，社会学，統計学，政治学，行政学など	経営学，会計学，企業経営モデルなど

出典：南島［2018：187］を筆者が加筆修正．

という特徴があり，客観的かつ信頼性のある情報を提供できる一方で，業績測定は総覧的・悉皆的であり，得られる情報はプログラム評価と比べて不十分である．両者は学問的な背景も異なることから役割が異なるが，対立的かつ相互補完的な関係にある．

　このようなプログラム評価や業績測定に対して，管理評価（Management Review）とは端的にいえば政策以外のマネジメントの改善，節約や効率化，資源配分の改善に関する評価である．管理評価のルーツはイギリスにあるが，イギリスではこの管理評価が制度化する以前から O&M（Organization & Methods）を通じて管理改善を図ることがすでに政治的伝統となっていた．O&M とは，組織目的がよりよく達成されるように現行組織のマクロレベルの体制や運用をボトムアップで分析・提言して組織改善を実施することを指す．この O&M について，三宅太郎はアメリカの行政学者ホワイトの著作である『行政学序説（Introduction to the Study of Public Administration）』に求め，「とくに手続と関係に留意しての，行政上のビジネス処理のすべての面の改善」と述べ，O&M の目的は「物的・人的の利用し得る資源をもっとも完全に活用することであり，逆にいえば，努力の浪費と無駄をできるだけなくすところにつきるものであ

る」と述べている［三宅 1962：123］．また，三宅によれば，O&M は O&M について の専門知識を有する職員の助言のもと，ミドルマネジメント以下すべてに わたる細目の範囲において実施されるという．³⁾ この O&M の対象を拡大し，各省の機構とマネジメントについて，政策形成と業務改善を含めた包括的なレ ビューを現行の行政部内のマネジメント・サービス部門と外部のコンサルタン トとの共同のもとに行おうと試みたことが管理評価の起源である［伊藤 1979：57-58］．

　ところで，政策評価と管理評価はそれぞれ無関係で独立したものではない． 管理評価の内容は組織目的に依存することから，管理評価の合理性を評価する ためには政策評価が先行していなければならないからである［西尾 1967b：2；加藤・加藤・佐藤ほか 1985：59］．管理評価は組織目的，すなわち組織を通じて実 現したい何らかの価値を前提とするため，その良否は政策によって実現しよう とする価値に依存することになる．したがって，いくら管理評価が精緻であっ てもそもそも政策によって実現しようとする価値に問題があれば無意味である． 他方で，管理評価は政策評価の基盤を形成し，政策評価を支援する機能をもっ ている［西尾 1976b：5］．管理評価がずさんであれば政策評価自体が機能しなく なるからである．現場で得られたさまざまな情報を的確に政策に反映させなけ れば，政策そのものに対する評価が不正確になってしまう．

　このように政策評価と管理評価は相互依存の関係にあるが，根本的には異な る概念である．本章の主題である「政策の改善」を念頭に置くと，政策という 1つのプランないしパッケージに問題があるのか，それとも当該政策を支援す る二次的業務に問題があるのかを区別することは必要不可欠である．なぜなら，失敗の原因の所在を明確にしなければ改善を行うことはできないからである． しかし，日本では政策評価と管理評価の区別があいまいである．次項では両者 の区別のあいまいさについて，日本における評価の導入と展開から確認したい．

（3）日本における評価の導入と展開

　これまで繰り返し述べてきたように，日本の政策評価は2001年に政策評価法として法制化されたが，政策評価の導入が訴えられたのは橋本行革の時代であった．1997年12月に公表された行政改革会議の最終報告書では，制度疲労に陥りつつある戦後型行政システムには客観的政策評価機能が欠如しており，21世紀にふさわしい新たな行政システムへ転換していくためには，この機能の確立を焦点として行政改革を進める必要性があると説かれている[4]．具体的には「政策は，その効果が常に点検され，不断の見直しや改善が加えられていくことが重要である．実施過程における効果の検証も欠かせない．政策の評価体制を確立し，合理的で的確な評価を進め，その結果を迅速かつ適切に反映させていく仕組みと体制が重要である[5]．」と述べられている．しかし，同報告書で重要視された「政策の見直しや改善」は日本ではいまだに不十分である．第2章第2節（1）で触れたとおり，政治からの指示によって政策評価の本来機能を弱めたからである．こうして日本の政策評価は業績測定型の評価に偏重し，逆にプログラム評価型の評価はあまり行われなくなった．

　政策評価が業績測定型へと偏重する傾向は自治体でも見られる．そもそも，日本における評価は中央府省に先んじて自治体で導入された．1995年から始まった地方分権改革運動の流れから，1996年に三重県で「事務事業評価システム[6]」が導入されたことを嚆矢に，翌年の1997年には静岡県で「業務棚卸」が開始された．また，政策評価と銘打った評価制度も，1997年に北海道で，1998年に岩手県と秋田県で導入された．さらに1999年には青森県で「政策マーケティング」が開始されるなど，1990年代後半は全国各地の自治体で既存の政策ないし事業を見直す動きがあった．そのねらいや内容は多種多様であったが，導入当初はおおむね各自治体の総合計画に評価を組み込む方式が取られていた．中央府省で政策評価法が導入された2001年以降はプログラム評価の手法に関心が向き，日本評価学会の評価士養成講座や多くの大学院の講義科目のなかで政策分析スキル（analytic skills）の研究が深まっていた．

表3‐2　自治体の行政改革に係る総務省（旧自治省）の指針等

年	名　称
1985年	地方公共団体における行政改革推進の方針
1994年	地方公共団体における行政改革推進のための指針
1997年	地方自治・新時代に対応した地方公共団体の行政改革推進のための指針
1999年	地方公共団体における行政改革の更なる推進について
2000年	地方分権一括法施行，行政改革大綱を閣議決定
2005年	地方公共団体における行政改革の推進のための新たな指針
2006年	地方公共団体における行政改革の更なる推進のための指針
2010年	地方公共団体における行政改革の推進に関する情報提供について

出典：筆者作成.

　しかし，自治体における政策評価は次第に素人でも運用が簡単な，本来の政策評価ではない業績測定型へと偏重していった．その原因には，評価知識を有する自治体職員の少なさ，頻繁に繰り返される人事異動の慣行，評価結果を予算編成作業に使いたい要望などがあげられる．結果として，自治体の評価は疑似的な成果（アウトプット）を前提とした事務事業評価が中心となり，行政評価という呼び名で広がっていた．

　行政評価は外国ではほとんど見られない日本独自の名称であり，この行政評価には先の管理評価の概念も含まれる．地方分権改革運動の流れから評価が全国各地の自治体で注目され始めた1990年代後半は，総務省（旧自治省）から自治体に対して行政改革に関する指針等が数多く出され，行政改革大綱の自主的な策定・公表が求められた時期でもあった（表3‐2参照）．たとえば，その嚆矢となった1994年の「地方公共団体における行政改革推進のための指針の策定について」では，事務事業の見直し，組織・機構の見直し，定員管理及び給与の適正化の推進，効率的な行政運営，効率的・効果的な施設の設置・整備が示されている．これらの評価の対象は政策ではないが，こうした評価は当時世界的に流行していたNPMの影響を受けて成果主義を標榜し，伝統的な能率概念を効率という言葉に置き換え，現在も全国各地の自治体で続けられている．行政評価は実務のなかから生まれてきた方法であるために手法についての統一的な

定義がなく，行政評価は政策評価が対象としない内部管理事務も対象とする特徴がある．なお，管理評価とはこの狭義の行政評価と似た概念である．

また，中央府省の政策評価や地方自治体の行政評価とは別に，1990年代後半には行政経営・経営評価に分類される行政改革の動向も見られた．代表例としては，岩手県や三鷹市が嚆矢となった行政経営の品質向上運動や，PFI，地方独立行政法人，指定管理者制度などがあげられる．また，自治体の財政危機が顕在化したため地方自治体に対する財政健全化法（地方公共団体の財政の健全化に関する法律）が2009年に施行されたことや，財務会計のアプローチからバランスシートなど公会計制度改革が注目されたことも行政経営・経営評価の動きの1つである．こうした行政経営・経営評価に分類される動きは「マネジメント・スキル」への注目，すなわち予算編成，財務分析，人的資源管理，戦略的プランニングなど，管理会計（management accounting）のスキルを使い，組織内部で業績測定や業績評価を実施するという点で共通している．業績測定や業績評価の実施に際しては，生産性やアウトプットでの効率が評価規準にされたり，目標による管理（Management by Objective）が志向されたりする．

さらに，上記の3つに分類できないさまざまな評価も行われている．たとえば，北海道の「時のアセスメント」(1997年)，地方自治法改正による「外部監査制度導入」(1997年)，公共事業再評価（1998年)，ISO の認証・格付け（1996年～)，学校評価（2002年)，事業仕分け（2006年）などである．このように，日本の自治体では様々な評価がその目的や特性，使い方に注意が払われないまま導入されており，これがいわゆる「評価疲れ」の原因の1つにもなっている．

なお，先の行政評価は業績測定型が中心の政策評価と管理評価を合わせた呼び名として使われることもある．両者は測定という管理手法の点で共通しているが，「効率の主流化」と「予算への反映」に見られる過度な管理志向は，評価のもう1つの側面である政策志向をおろそかにさせる．南島和久はこれを「管理の論理」と「政策の論理」と表現し，両者が対立することを指摘している［南島 2013b：63-64]．「管理の論理」の特徴は，民間企業の管理方法をモデル

とし，トップマネジメントを支えるミドルマネジメントの手法がその中心をなしていることにある．このミドルマネジメントは財政逼迫のなかで必要性や効率性を重視する．他方，「政策の論理」では政策効果の有効性に注目し，適切な政策効果が発揮されるように政策体系の見直しを図る．南島はこのように両者を定義し，前者を徹底すれば政策を所管する部局の自律性が失われ，後者を徹底すればミドルマネジメントや総覧性が喪失することを述べている．

　この効率性と有効性をめぐる議論は，政策の合理性を評価する２つの基本的な視点であることは行政学ではよく知られている［西尾 1976a：205］．この古く[7]て新しい議論について，先の南島は近年公共政策の議論が注目されてきた理由を公共部門は政策の論理に立脚すべきであることに求め，あくまでも政策の論理の充実を期す努力をはらうことの必要性を説いている［南島 2011：70-71］．財政状況の改善が望めないなか，「管理の論理」で行政資源のやりくりを優先し，「あれもこれも」で一律削減を行えば，どの政策も中途半端となってしまい，全体として政策から得られる効果も小さい．他方で，「政策の論理」のもとで政策の質や健全性を優先し，「あれかこれか」で重点配分を行えば，それらの政策はしっかりと効果を得られるだろう．[8]

２．混乱の事例
──名古屋市男女平等参画推進センターの評価──

（１）評価シートの内容と問題点

　このような業績測定型に偏重した政策評価と管理評価との混合，そして日本独自の「行政評価」の実施状況について，具体的な事例にそって検討する．以下では指定管理者制度を導入している名古屋市男女平等参画推進センターの管理運営状況について，2011（平成23）年度から2013（平成25）年度までの３か年の評価の実態を取り上げる．[9]

　この事例を取り上げる理由は次の３点にある．第１に，当該施設の管理者は

男女平等参画推進という政策目的の達成と施設の維持管理の2つの役割を与えられているが，当該施設の評価シートでは後者が偏重されていることである．第2に，所管事業の実施や発展を重視する指定管理者と施設の維持管理を重視する自治体とのあいだに意向のズレが見られ，このズレがほとんど調整されていないために評価による改善効果が小さくなっていることである．第3に，このズレが結果として評価シートにも反映され，評価目的が不明確になっているために，評価シートを見た市民が評価内容を理解できない，あるいは誤解してしまう可能性があることである．

　名古屋市男女平等参画推進センターの管理運営状況の評価シートによれば，同センターは男女共同参画社会の実現を目指すための名古屋市の総合的な拠点施設である．同センターでは全7室の部屋の貸し出しや，自立や社会参加，人権尊重などを促進するため，市民や事業者を対象に，おもに講座・セミナー事業，市民活動支援事業，情報提供・交流事業などの取り組みが進められている．

　名古屋市では指定管理者制度の運用にあたり，市全体としての基本的な考え方や標準的な手続き等を定めた「指定管理者制度の運用に関する指針」（以下，「指針」と略）を策定している［名古屋市 2009］．指定管理者制度を導入している施設における管理運営状況の点検・評価の手続き等については，同指針の別冊として「指定管理者制度導入施設における管理運営状況の点検・評価について」（以下，「指針別冊」と略）も定めている［名古屋市 2012a］．名古屋市はこれらの策定の理由として，前者については「この指針に基づき，より適切な制度の運用を図ることにより，さらなる市民サービスの向上を目指」すことを，後者については「各制度導入施設において適切な管理運営がなされ，一層のサービス向上が図られる」ことをあげている［名古屋市 2015］．[10]

　以上をふまえたうえで実際の評価内容を見ていく．表3‐3は名古屋市男女平等参画推進センターの管理運営状況の評価シートから，2011（平成23）年度から2013（平成25）年度までの3か年について，評価項目，評価区分，特記事項を抜き出してまとめたものである．まず評価項目から注目したい．そもそも

表 3‑3　名古屋市男女平等参画推進センターの評価（評価区分と特記事項）

評価項目		評価区分（年度）			特記事項（年度）		
		23	24	25	23	24	25
① 基本事項	(1)平等利用	○	○	○			
	(2)開館の実績	○	○	○			
	(3)情報管理	○	○	○			
	(4)職員体制	○	○	○			
	(5)法令等の遵守	○	○	○			
	(6)事故・災害等への対策・対応	○	○	○			
② 維持管理	(1)建物・設備の保守点検	○	○	○			
	(2)警備業務	○	○	○			
	(3)清掃業務	○	○	○			
	(4)備品の管理	○	○	○			
③ サービス	(1)利用実績	○	○	×	・中部ダイバーシティネット等の団体と幅広く協働して事業を行った. ・受付体制が十分でない時が見られた.	・NPO等の団体と幅広く協働して事業を行った. ・受付体制が十分でない時がみられた. ・貸室利用率が減少傾向にある.	・定期講座充足率が大幅に減少. ・貸室利用率が市直営時より減少. ・NPO等の団体と幅広く協働して事業を行った. ・受付体制が十分でない時がみられた.
	(2)事業実施状況	◎	○	○			
	(3)広報・PRの実施	○	○	○			
	(4)接客態度	○	○	△			
	(5)苦情・要望の把握・対応	○	○	○			
	(6)利用者満足度	○	○	○			
④ 経費等	(1)執行状況	○	○	○			・貸室利用率減少が収入減に繋がり収支状況が悪化.
	(2)収支状況	○	○	△			
	(3)再委託	○	○	○			

注：各評価区分の意味は以下の通り.
　　◎…計画された業務水準を大きく超える，効果的な独自の取組みを実施するなど，とくにめざましい成果があった.
　　○…計画された業務水準を概ね達成した.
　　△…再三の指導や是正勧告の結果，計画された業務水準を概ね達成した.
　　×…計画された業務水準を達成できなかった.
　　なお，○および△の場合の「概ね達成した」とは，水準を達成した場合および水準を若干下回った場合並びに水準を達成できなかったことに合理的な理由がある場合をいう［名古屋市 2012a］.
出典：名古屋市［2012b；2013；2014］より筆者作成.

名古屋市男女平等参画推進センターの管理運営にあたっては，指定管理者に対して「男女共同参画社会の実現に向けた事業の企画・実施」と「当該施設の管理」の２つが委託されている．すなわち，指定管理者は「所管事業の実施と発展」という政策的な役割と「当該施設の維持管理」という管理的な役割の２つの役割を担っている．先の「指針別冊」の策定理由である評価目的は「サービス向上」と「適切な管理運営」であったが，前者が政策的な役割，後者が管理的な役割である．しかし，表３‐３の評価項目には施設の維持管理に関するものばかりで，所管事業の実施と発展に関するものは少ない．名古屋市男女平等参画推進センターの評価は管理評価的であるといえる．

　評価項目については，「指針別冊」において「施設の設置目的や指定管理者の業務内容等を踏まえ，施設ごとに，当該施設の管理運営状況を評価するのにふさわしい項目を，施設を所管する局区室（以下「所管局」と略）で設定する」［名古屋市 2012a］と定められている．しかし，本事例の評価シートでは「指針別冊」の「評価シート例（年度評価）」で例示された項目がそのまま使用されている．画一的な評価シートへの記入は評価の目的を形骸化させ，評価による改善効果を弱めることはしばしば指摘されるが，名古屋市男女平等参画推進センターの評価もまさにこの指摘にあてはまる．

　とくに，地方自治体と指定管理者の意向が異なる場合，事態はより深刻となる．仮に指定管理者は当該施設の維持管理よりも所管事業の実施と発展を重視しており，逆に地方自治体はこの評価項目のとおりに所管事業の実施と発展よりも当該施設の維持管理を重視しているとすると，同じ評価であっても重点を置くべき対象が異なっていることになる．この点について地方自治体と指定管理者とのあいだに十分な合意がなければ，当然ながらそれぞれで評価結果のとらえ方が異なってくる．この傾向はとくに指定管理者の政策志向が強い場合に起こりやすい．指定管理者が事業内容の質を求めれば求めるほど，地方自治体の意向とかけ離れていく可能性が高くなるのである．

　また，「指針別冊」によれば，指定管理者の評価について名古屋市は指定管

理者の事業報告を点検した後で評価を実施することが定められている．名古屋
市が指定管理者に自己評価の実施およびその結果の報告を求めた場合には，指
定管理者の自己評価もふまえて評価が実施されることになっている．加えて，
評価結果に十分な客観性を与えるため，複数の職員での議論または確認のプロ
セスを経ることや，評価結果を確定するにあたっては指定管理者とのあいだで
ヒアリング等を実施し，公正な評価に努めることも定められている［名古屋市
2012a］．

　しかし，当時の名古屋市男女平等参画推進センターの指定管理者は表 3 - 3
の評価項目で自らが評価されると事前に知らされていなかった．同センターの
指定管理者であった特定非営利活動法人参画プラネット[11]の代表者らによれば，
評価シートの評価項目や事業計画のなかで提示した評価指標等についての協議
は，月 1 回開催される「連絡会議」や年 2 回程度開催される「事業調整会議」
といった機会があったにもかかわらず議題として取り上げられることはなく，
書面でも定められていなかった．また，この委託契約では名古屋市が指定管理
者に対して実施後に自己評価を求め，自己点検表に記入するよう依頼があった
が，その際に名古屋市から詳しい説明はなく，評価結果は名古屋市のウェブサ
イトを見て初めて知るような状況だったという[12]．評価結果の確定に際しては，
名古屋市は指定管理者とのあいだでヒアリング等を実施するという取り決めが
あるが，これが守られていなかったか，あるいは評価の趣旨が指定管理者にう
まく伝わっていなかったようである．

　評価の内容についても若干の疑問点がある．表 3 - 3 の評価区分からは最終
年度である2013（平成25）年度はそれまでに比べて評価結果が悪いことが見て
とれる．表 3 - 4 や表 3 - 5 もあわせて見ると貸室利用率についての記載が目立
つ．貸室利用率については2013（平成25）年度が過去 3 年では最も良く，前年
よりも改善したにもかかわらず厳しい文言が並んでいる（表 3 - 4 参照）．

　他方で，過去 3 年では前年と比較して減少割合が最も大きかった2011（平成
23）年度では，貸室利用率について何も触れられていない（表 3 - 3 ，表 3 - 5 参

表3-4　名古屋市男女平等参画推進センターの評価（数値指標等）

項　目	2008 （平成20） 年度	2009 （平成21） 年度	2010 （平成22） 年度	2011 （平成23） 年度	2012 （平成24） 年度	2013 （平成25） 年度
入館者数（人）	126,930	121,670	106,922	119,042	123,194	119,009
貸室利用率（全室平均）（%）	67.1	66.0	61.3	59.8	58.5	60.6
貸室利用料金収入（千円）	—	—	—	6,196	6,069	6,493
定期講座充足率（%）	94.6	96.8	96.2	95.0	96.2	64.5
運営主体	市直営	指定管理者				

出典：名古屋市［2012b；2013；2014］より筆者作成.

表3-5　名古屋市男女平等参画推進センターの評価（総合評価）

2011 （平成23） 年度	センター利用者数は前年に比べて約11%増加し，定期講座充足率は95%と高い水準を維持している．利用者満足度調査におけるスタッフ対応の印象については，「ふつう」以上の回答が98%となっており，概ね適切に管理・運営されている.
2012 （平成24） 年度	センター利用者数は前年に比べて約3.5%増加し，定期講座充足率は96.2%と引き続き高い水準を維持している．また，利用者満足度調査におけるスタッフ対応の印象については，「ふつう」以上の回答が98.4%となっており，概ね適切に管理・運営されている. 事業実施にあたり，NPO等の団体と幅広く協働して取り組むなど工夫がみられるものの，貸室利用率が減少傾向にあるため，新しい利用客を取り込むなど今後の利用向上に努められたい.
2013 （平成25） 年度	前年に比べて貸室利用率は2.1%上昇したものの，センター利用者数は約3.4%減少し，例年90%台で推移していた定期講座充足率は64.5%と大幅に減少した. 事業実施にあたり，NPO等の団体と幅広く協働して取り組むなど工夫がみられるものの，平成21年度以前の市直営時より貸室利用率が減少したことが収入減に繋がり，収支状況が悪化した．また，講座内容及び利用者の固定化がみられるなど，NPO法人としてのノウハウや広報手法を活用した新たな利用者拡大への創意工夫が望まれた.

出典：名古屋市［2012b；2013；2014］より筆者作成.

照）．また，表3-3の特記事項で「受付体制が十分でないときがみられた」という指摘が3年連続で記載されているものの，総合評価では受付体制についての説明は過去3年のいずれにも見当たらない（表3-5参照）．貸室利用率に触れるよりもまずこの受付体制に触れるべきである.

　また，貸室利用率については市直営時と比較されているが（表3-5参照），これも2013（平成25）年度で突然指摘すべきではないように思われる．この委託

契約では貸室利用料金は指定管理者の収入となるが［名古屋市 2009］，2013（平成25）年度決算における貸室利用収入は649万3000円で，指定管理者の全収入の約15％を占める[13]．このように貸室利用率は収入との関係が強いため，貸室利用率の変化を追うことはある程度は必要なのかもしれない．しかし，貸室利用率は景気に左右される要素が大きく，指定管理者の努力がそのまま貸室利用率の向上につながるとは考えにくい．そればかりか，そもそも貸室利用率は男女共同参画社会の実現との直接的な因果関係はない．また，2010（平成22）年度から2013（平成25）年度の貸室利用率の変化はわずか2.8％であり，このような数パーセントの変化が評価の主たる部分を占めることが適切であるとはいいがたい[14]．

　表3-3の評価区分において，3年間で唯一「×」がついている25年度の「③ サービス」の「(1)利用実績」にも触れておきたい．記号の「×」は，表面的には「計画された業務水準を達成できなかった」という意味であるが，「×」の上位の評価区分である「○」や「△」の意味をあわせて考えると，より正確な意味は「再三の指導や是正勧告にもかかわらず，合理的な理由なく計画された業務水準を達成できなかった」と読み取ることができる．仮に名古屋市が「×」をつける前に指導や是正勧告をしたとすれば，名古屋市の指導や是正勧告はどのような内容で，それに問題はなかったのであろうか．逆に名古屋市がこれまで指導や是正勧告をまったく行っていないのであれば，それは委託側として問題はないのであろうか．この指導や是正勧告の内容についても評価シートでは一切触れられておらず，どちらにどの程度の責任があるのかが明確ではない．また，計画された業務水準がどのようなものであったかもこの評価シートからは読み取ることができない．ここの評価シートだけを見た第三者は，「×」という記号のイメージで評価内容を誤解する可能性もある．

（2）事例からの教訓

　この名古屋市男女平等参画推進センターの事例からの教訓は大きく3つある．

1つめは評価の対象と目的を明確にすることである．政策評価と管理評価では対象が異なるが，名古屋市男女平等参画推進センターの評価シートではこの2つの評価が混在しており，評価の目的が不明瞭である．また，この事例のように評価者と被評価者が異なる場合は，両者のあいだで事前に入念な「仕込み（すりあわせ）」を実施しなければ，評価による改善が起こらない危険性がある．この「仕込み」では，どの評価項目をどの程度重視するかを両者で意見交換する作業が必要となるだろう．この作業を丁寧に行おうとすれば，評価者と被評価者の価値観の相違の表出は避けられない．評価とは価値判断ともいわれるが，評価者と被評価者の価値観はときに対立することもある．この事例においては，評価は「適切な管理運営」という管理的な役割ばかりで「サービス向上」という政策的な役割を担っていないように見受けられた．このため，指定管理料があまりに低いと良質な事業の実施は困難だと事業実施能力の高い民間事業者が判断して指定管理者としての受託を見送り，結果として市民サービスが低下することになりかねない．先の南島の表現を借りれば，「管理の論理」が「政策の論理」よりも優先されている状態なのである．したがって，評価の対象と目的について事前に地方自治体がどこまで指定管理者に説明し，それを指定管理者がどの程度理解していたのかは，評価の対象と目的を明確にするため，また評価による改善を機能させるために重要なのである．

　2つめは業績測定型の評価の限界である．業績測定型の政策評価にせよ管理評価にせよ，計画段階でアウトカムとして何らかの指標を設定することになるが，その指標が独り歩きする危険をはらんでいる．この事例に即していえば，表3-3では計画された業務水準との離隔を測定する評価となっていることから業績測定型の評価といえる．貸室利用率が高いからといって当該施設が必ずしも良い施設ではないように，設定された水準を達成することは良い状態を示しているとは限らない．もちろん貸室利用率は高いに越したことはなく，逆にあまりに低すぎるのも問題である．しかし，ある程度の割合を維持しているなかで年度ごとの小さな変化に関心を払うことはほとんど意味がない．同様のこ

とは入館者数や定期講座充足率にもいえる．とくに定期講座充足率については，
事業目的である自立や社会参加，人権尊重などの促進に鑑みれば，市民が現在
関心を持っており参加者数を見込める講座ではなく，市民からの関心が少なく
参加者数が見込めない講座をあえて開講するなどの地道な普及・啓発活動が事
業目的にかなう場合もありうる．

　3つめは改善範囲の矮小化である．評価の目的は改善にあると述べてきたが，
この改善は学習ともいえる．学習理論では「シングル・ループ学習（single loop
learning）」と呼ばれる学習プロセスがあるが，このプロセスは目標や問題構造
を所与ないし一定としたうえで最適解を選び出すものである［戸部・寺本・鎌田
ほか 1991：332］．他方で，行政組織は日々変化する社会環境に応じて政策を変
えていくことが求められる場合があり，ときには目標や問題の基本構造そのも
のを再定義し変革するというダイナミックなプロセスも必要となる．このよう
に自己の構造をたえず変化する現実に照らして修正し，さらに進んで学習する
主体として自己自体をつくりかえていくという自己革新的ないし自己超越的な
行動を含んだ学習プロセスを，学習理論では「ダブル・ループ学習（double
loop learning）」と呼ぶ［戸部・寺本・鎌田ほか 1991：332］．業績測定型の政策評価
や管理評価に重点を置きすぎれば，既存の知識や行動様式に固執しすぎるあま
りに自己革新能力を失いかけない．[15] そうなれば改善範囲も小さくなり，また改
善そのものも起こりにくくなってしまうだろう．この意味でも委託側と受託側
が話し合い，評価規準をすり合わせたり見直したりすることは不可欠である．

╋ 3.　政策管理と組織管理

　本章では日本の現在の評価がなぜうまく機能していないのかという問いに対
して，政策評価と管理評価という枠組みを使い，評価の分類を試みた．本来は
性格が異なるこの2つの評価が日本においては区別されておらず，そのために
評価の目的である改善の効果を弱めてしまっていることについて述べた．事例

として取り上げた名古屋市男女平等参画推進センターの管理運営状況の評価では管理評価的な要素が多かったが，この点を踏まえて日本における「政策」と「管理」の関係についてもう少し踏み込んで触れておきたい．

　第２章第３節（１）でも言及したように，本来の管理とは受動的・消極的なものではなく，目的の達成のためにさまざまな調整を主体的に実施することで現状の改善や向上を不断に図っていく能動的・積極的なものである．この行為の背景には，目指すべき姿，すなわち理想が存在する．これらと実際の結果とのあいだにパフォーマンス・ギャップが生じ，新しい知識や行動様式が探索されれば，時には刷新や創造というダイナミックな行為が生み出されることもある〔戸部・寺本・鎌田ほか 1991：346-47〕．いずれにせよ，管理とは結果のフィードバックとその適切な対処，すなわち環境変化への対応の誤りあるいは遅れに対して積極的に改善を実施する活動である．

　これはまさに政策的思考である．今里滋は政策を理想と現実のギャップである「問題」を埋める手段と定義している〔今里 2013：102〕．このほか，政策とは，「政府がその環境諸条件またはその行政サービスの対象集団の行動になんらかの変更を加えようとする意図のもとに，これに向けて働きかける活動の案」〔西尾（勝）1995：40〕，「解決（達成）しなければならない課題は何かを明確に示すことによって，具体的な行動プランである事業の方向性や狙いを示したもの」〔真山 2001：50〕，「ある特定の状況のもとにおける目標とその達成手段の選択に関わる意思決定」〔佐川・山谷 2010：119〕，「行政機関が，その任務又は所掌事務の範囲内において，一定の行政目的を実現するために企画および立案をする行政上の一連の行為についての方針，方策その他これらに類するもの」（政策評価法第２条第２項）などと定義される．良い管理にはこうした政策的思考が欠かせない．

　この管理は政策管理と組織管理の２つに分けることができる．「政策」という概念が多様に定義されていることとは対照的に，政策管理にまで言及する文献はそれほど多くはない〔山谷 2005：45〕．政策管理の定義について，新藤宗之

は政策の質の管理であると述べ，その前提として政策の質の決定システムが主権者に開放的であることや，決定のアクターが交換可能であることをあげている［新藤 2001：190］．これをふまえ，山谷は政策管理とは政策サイクルのマネジメントであると述べ，「開放的で透明的の高い環境のもとで，政策の目的と政策手段の関係が良質であるように管理，調整すること」［山谷 2005：45］と定義している．また，真山達志は「いったん生まれた政策をつねに社会環境に適応させながら実施担当組織に実施させ，実施過程での環境適応が限界になったと判断した場合には，政策の変更を行うという一連の活動」［真山 1994：63］と呼んでいる．別の角度から見ればこれらの評価が政策評価であるともいえる．

　これに対して，組織管理とは「効果的な政策を実施するために組織態勢を維持・発展させること」である．繰り返しになるが，管理の機能には，① 資源の調達と配分（基幹的管理），② 日常業務の改善（狭義の管理），③ 組織目的に関する企画・情報・評価の活動を促進する態勢を整えること（広義の管理）の 3 つがある［西尾 1976b：2-3］．理念上，「組織は政策に従属するものである」から，組織管理の本質とは社会問題を解決するための政策の障害とならないよう，また政策の効果が最大限に発揮されるように政策をサポートする態勢を整備・改善することにある．すなわち，組織管理は組織を通じて実現したい何らかの価値を前提とするため，組織管理の良否はある政策によって実現しようとする価値に依存する．

　政策管理にせよ組織管理にせよ，適切な管理の実施のためには適切な評価と評価結果を踏まえた改善が求められる．しかし，本章で述べたとおり，日本においては政策評価と管理評価がしっかり区別され，それぞれの役割を十分に発揮しているとはいいがたい．行政の現場では政策も組織もいまだに「プラン偏重」［増島 1981：20］であり，マネジメントサイクルが十分に機能しておらず，とくに後者の組織の状態はより深刻である．政策の場合，その良否は直接市民に影響するため否応なしに市民の反応に敏感にならざるをえないが，組織の場合は政策ほどではない．行政内部を対象とする組織管理では，社会を対象とす

る政策に比べればコントロールが容易であり，都合の良い結果ありきになりがちだからである．予算におけるシーリングや人員削減計画における目標値などがその例であり，組織管理は結果を先取りできるが政策の場合はそうはいかない．

＋ おわりに

　本来，結果は不断の努力という過程があってこそ得られるものである．不断の努力の過程のなかに改善に資する重要な発見があり，この発見が発展やイノベーションを起こすこともあろう．逆にいえば，過程を飛ばして都合のいい結果だけを求めると，内容がともなわなくなるばかりかこうした重要な発見を見落としてしまい，真の発展は望めない．このことを公共部門に引き付けていえば，現代政府の宿命ともいえる財政危機のなかで求める結果を手に入れるためには，職員ひとりひとりが結果を手に入れるための不断の努力を地道に積み重ねることが重要である．しかし，たとえば人員削減計画に見られるように，無理な結果ありきだと現場の職員から少しでも効果や効率を上げようとする意志がそがれ，次第に職員のモチベーションも下がっていくことになる．こうした意味でも，改善を図る概念の理解や改善を担保する制度は必要なのである．

　しかし不幸なことに，日本では2000年前後まで「評価」「アカウンタビリティ」「情報公開」など，公共部門の改善を図るために不可欠な概念や制度が浸透していなかった．これらの必要性と導入の検討が始められたのは1990年代半ばであったが，当時の日本はのちに「失われた20年」と表現されるバブル経済の崩壊後の長期にわたる不景気が始まった時期であった．不景気がもたらした税収減によって国も自治体も財政危機が表面化しつつあったなか，当時世界的に流行していた新自由主義という政治的価値と，その手段としてのNPMが希求した効率という価値のもとで行政改革が進められていった．この不幸な時代背景によって，先に例示した改善に不可欠な概念はゆがめられ，本来の役割

はいまだ十分に機能していない.

　加えて，表1‒1で提示したアドミニストレーション（administration）とマネジメント（management）の混乱が事態を悪化させる決定的な要因となった.「効率」や「節約」はミクロレベルである自治体の現場で行われるマネジメントの評価規準であるが，自治体の現場よりも上であるマクロ・メゾレベルに該当するアドミニストレーションにおける評価規準ではない. この違いの理解不足によって，日本ではNPMの文脈でミクロレベルのマネジメントをアドミニストレーションの領域であるマクロレベルにまで拡大解釈する政治潮流が出現し，1990年代から現代に至るまで，効率一辺倒の評価規準をトップダウンで強制する国家戦略が採られた. 効率化の旗印のもと，総人件費は毎年のようにトップダウンで一律で削減される. 真山や森田朗が指摘するように，日本においては行政サービスの在り方とは別に，組織の簡素化や職員数の削減などの単なる行政規模の縮小が着々と進められているのである［真山 2012：7；森田 2012：8］.

　こうした日本の約25年間の政府改革はこれまで見てきた正統な行政学の理論から見れば誤りであり，その悪影響は自治体の現場に顕著にあらわれている. 一律削減や縮小は政策や事業の廃止や縮小，質の低下をともなわなければ継続することはできず，比較的早い段階で限界を迎えるからである. 具体的には，「公共部門の正規職員のブラック化」「非正規公務員の増加による貧富の格差の拡大」「専門知識のない公務員の増加」などである. 続く第4章では自治体というミクロの現場からみえるマクロの戦略の失敗について，人員削減の側面から考察する.

注
1）　ここでの「政策」は「事業」も含む広い概念で，後段で述べる「政策」とは異なる意味で用いている.
2）　PPBSの詳細はSchick［1966：243-58］，加藤［2008：145-55］を参照.
3）　なお，三宅はO&Mがテイラーによる科学的管理法の系譜に属することも指摘している. O&Mの行政への適用とその結果の一例として，この科学的管理法に影響を受

けて発展した正統派行政学の時代のアメリカ行政学についてもある程度知っておく必要があるだろう。なお，ホワイトはこの正統派行政学の時代を代表する行政学者である。

4) 行政改革会議［1997］第Ⅲ章「新たな中央省庁の在り方」第1節「基本的な考え方」を参照．

5) 行政改革会議［1997］第Ⅲ章「新たな中央省庁の在り方」第5節「評価機能の充実強化」第1項「評価機能の充実の必要性」②を参照．

6) 三重県の事務事業評価システムについては第2章第2節（2）を参照．

7) なお，この西尾勝の論文では有効性と能率性と表現されているが，この能率性と本文中の効率性はともに Efficiency を指すことには注意を要する．

8) この「あれもこれも」及び「あれかこれか」という表現は，佐藤［2009］から引用した．

9) 本来は5年程度の期間で分析することが望ましいが，2014（平成26）年度から同センターが女性会館に移転され両施設を一体的に管理運営する指定管理者制度が導入されたこと，指定管理者が変わったことから3年とした．

10) なお，指定管理者制度導入施設の管理運営状況を点検・評価する具体的な目的は次のとおりである．(1)指定管理者の管理運営状況を点検・評価し，その結果を公表することにより，設置者としての説明責任を果たすとともに，サービス水準の維持・向上を図る．(2)点検・評価の結果を踏まえ，施設の管理運営方法や次期選定条件等を改善し，より良い施設運営をめざす．(3)指定管理者の実績を把握し，次期選定に活用することにより，指定管理者の意欲向上を図る．

11) 特定非営利活動法人参画プラネットは，女性も男性も「個」としての能力を最大限に活かすことができる社会の実現を目指し，家庭・地域・学校などのあらゆる場に，一人ひとりがバランスよく参画できるアクティブな市民社会の構築を目的として2005年に設立され，名古屋市に住所を置く法人である［特定非営利活動法人参画プラネット 2005］．

12) 指定管理者であった特定非営利活動法人参画プラネットの代表者らへのヒアリング結果等による．ヒアリングは対面及びメールで行った．具体的には，対面は2014年10月15日に同志社大学新町キャンパス渓水館にて代表理事の渋谷典子氏，常任理事の林やすこ氏から，メールは2015年1月21日に林やすこ氏からのものである．

13) 数値については，指定管理者が作成した「名古屋市男女平等参画推進センター指定管理者事業報告書（平成25年度）」内の決算書を参照した．同報告書は，指定管理者であった特定非営利活動法人参画プラネットから提供を受けた．なお，指定管理者の収入の大部分（約82％）を占める指定管理料は，3年間とも同額の3586万3000円である．この指定管理料は原則として増額は不可であり，25年度の決算書では前年度繰越202万

3000円の赤字が響き，104万6000円の赤字となっている．

14)　貸室利用率が指定管理者の努力よりも景気の影響に左右されるとすれば，赤字を出さないようにするためには指定管理者はどうしても安上がりな事業を行わざるをえない．評価シートのなかで貸室利用率を特に気にかけていることを鑑みると，名古屋市は有効性（effectiveness）よりも経済性（economy）や効率性（efficiency）の視点を重視して評価を実施しているように思われる．

15)　とりわけ既存の知識や行動様式に固執しすぎるあまり，新しい知識や行動様式を学習し自己革新能力を失うことを，学習理論では「学習棄却（unlearning）」という［戸部・寺本・鎌田ほか 1991：347］．

| 第 4 章 | 自治体における臨時・非常勤職員の制度改正 |

✛ は じ め に

公共の担い手の多様化が叫ばれて久しいが，統治の正統性を与えられている中央府省や自治体に勤務する職員，すなわち公務員が公共の実務の中心を担うことは変わらない．したがって，公務員の人事政策は間接的に公共政策に大きな影響を与えていると言っても過言ではない．この公務員のうち，いわゆる非正規公務員と呼ばれる臨時・非常勤職員の数は年々増えているが，自治体の非正規公務員について制度改正が2020年4月1日から実施された．他方で，こうした自治体の人事政策は，国が法令を通じて大きな方向性を決め，詳細は自治体に任せることが多い．いいかえれば，人事政策には「ある政治体系が事業の実施を別の政治体系に委ねている事業」［西尾 1976：198］，すなわち国による自治体へのプログラムととらえることができる．

評価学では，プログラムを新たに導入する際や変更する際には，事前評価，とくに必要性，デザイン，理論からの視点が重要であるといわれている．具体的には，受益者から見たプログラムの必要性，既存の政策への影響も考慮した全体のデザイン，目的と手段との理論的な合理性などの視点からの事前評価などである．しかし，人事政策は直接社会や市民を対象とせず，個別分野の政策と比べて国民から関心が持たれにくいため，この視点が希薄である．その結果，課題をはらんだ人事政策が実施されることで公共政策に悪影響を与え，政策を

失敗させる要因となる場合もある.

本章では，この事例として今回の臨時・非常勤職員の制度改正を取り上げる. 具体的には，制度改正の概要を解説したうえで，その「デザインと理論」が不十分であり，いくつかの矛盾も生じていることを指摘する. この背景にもNPM をアドミニストレーションに適用しようとする政治潮流が存在し，これによって内容をともなった効率化を実施しないまま正規職員を削減してきた経緯が存在する. そして，改正後に発生すると予想される自治体の人事政策上の課題を抽出する.

┼ 1. 法改正における課題と対応

（1）自治体における臨時・非常勤職員の増加と課題

近年の多様化する行政需要に対応するため，自治体における臨時・非常勤職員は増加の一途をたどっている. 総務省の調査によれば，2005（平成17）年4月時点で45.6万人いた自治体における臨時・非常勤職員は，2008（平成20）年4月時点で49.8万人，2012（平成24）年4月時点で59.9万人，2016（平成28）年4月時点で64.3万人と増加しており，この11年間で1.4倍も増加した（図4-1参照）. 職種別で見ると最も多いのは事務補助職員で，その数は2016年4月時点で約10万人にものぼる.[2]

改正前の地方公務員法における臨時・非常勤職員は，任用根拠から次の3つに分類されていた. すなわち，同法第3条第3項第3号で定める特別職非常勤職員，同法第17条で定める一般職非常勤職員，同法第22条で定める臨時的任用職員である. このそれぞれについてさまざまな課題が存在していたことから今回の法改正が実施された. 課題の具体的な内容は，改正法の理論的背景となった「地方公務員の臨時・非常勤職員及び任期付職員の任用等の在り方に関する研究会」が2016年12月27日に総務大臣に提出した報告書（以下，「報告書」と略）で示されている.[3]

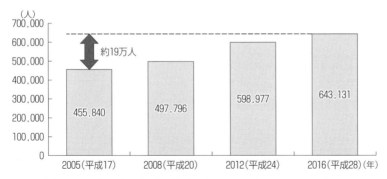

図 4 - 1　自治体における臨時・非常勤職員の総職員数の推移
出典：総務省［2017d：1］から抜粋.

　まず，特別職非常勤職員の服務面や勤務条件の面で課題である．改正前の地方公務員法では，特別職非常勤職員という区分には顧問や参与などの専門性が高い者が任用されることを想定していた．しかし，自治体によってはこの本来の趣旨に沿わず，事務補助性が高い者をこの区分で任用している実態があった．任期の定めのない常勤職員（以下，「常勤職員」と略）とは異なり，特別職非常勤職員は専門性の高さから地方公務員法が一部適用除外となっていた．仮に事務補助性が高い者が特別職非常勤職員として任用されても，当該職員には守秘義務や政治的行為の制限などの公共の利益保持に必要な諸制約が課されていなかったのである．また，特別職非常勤職員には地方公務員の育児休業等に関する法律（以下，「地方公務員育休法」と略）が適用されず，人事委員会への措置要求や審査請求も認められていなかった．

　臨時的任用職員については，任用根拠を見直して一般職非常勤職員への移行がこれまでから検討されていた．しかし実際に移行するとなると，首長，各部局，職員団体，議会など，対内的にも対外的にも説明が困難であるため一般職非常勤職員としての任用が進んでいなかった．この課題の背景には，臨時的任用職員は職員は能力の実証に基づいて任用しなければならないという成績主義の原則の例外であるにもかかわらず，国家公務員のように常時勤務を要する職

に欠員を生じた場合といった具体的な制限が明確に定められていなかったこと
がある．また，民間部門で同一労働同一賃金の議論が進められており，中央府
省の非常勤職員には手当に相当する給与を支給できるにもかかわらず，旧制度
では自治体に勤務する臨時的任用職員に対して期末手当をはじめとした各種手
当を支給できなかった．

（2）課題への対応

これらの課題を解決するため，自治体の臨時・非常勤職員の制度改正を目的
に作成された「地方公務員法及び地方自治法の一部を改正する法律案」が2017
年3月7日に閣議決定，第193回国会（常会）に上程され，4月14日に参議院，
5月11日に衆議院で可決・成立した．改正法案では前節で触れた課題に対して
大きく次の3点の対応が取られた．

1つめに，特別職非常勤職員および臨時的任用職員の任用要件の厳格化が図
られた．特別職非常勤職員については，地方公務員法第3条第3項3号に「専
門的な知識経験又は識見を有する者が就く職であって，当該知識経験又は識見
に基づき，助言，調査，診断その他総務省令で定める事務を行うものに限る」
という文言が明記され，任用対象が専門性の高い者などに厳格化された［笹野・
石川・山口ほか 2017a：52-55；村上・松田 2017a：61-62］．また，臨時的任用職員に
ついても，「常時勤務を要する職に欠員を生じた場合」という文言が追記され，
国家公務員と同様に具体的な限定がなされた［笹野・石川・山口ほか 2017b：59-
63；村上・松田 2017a：62-63］．

2つめに，会計年度任用職員と呼ばれる新たな職が設けられた．会計年度任
用職員はこれまで設置されていた一般職非常勤職員に取って代わる職で，常勤
職員を就けるべき業務以外の業務を担う者と定められた（以上，図4-2参照）．
これにより，これまで特別職非常勤職員および臨時的任用職員として任用され
てきた労働者性の高い臨時・非常勤職員の多くが会計年度任用職員に移行する
こととなった．この会計年度任用職員も原則として常勤職員と同様の服務上の

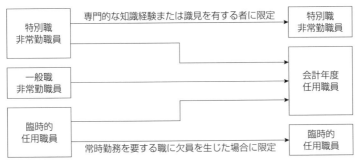

図 4 - 2　臨時・非常勤職員の制度改正のイメージ

出典：筆者作成.

制限の対象となったため［村上・松田 2017b：68］，懸念であった服務面の課題は解消された．また，会計年度任用職員は地方自治法第172条に規定する臨時又は非常勤の職と位置付けられたため，条例定数の対象外となった（図 4 - 3 参照）.

　この会計年度任用職員には，1 週間あたりの通常の勤務時間が常時勤務を要する職を占める職員と同一であるフルタイムの会計年度任用職員と，1 週間あたりの通常の勤務時間が常時勤務を要する職を占める職員に比べて短いパートタイムの会計年度任用職員の 2 類型が設けられた［笹野・石川・山口ほか 2017a：60-61］（図 4 - 3 参照）．また，改正前の一般職非常勤職員の課題であった具体的な任用手続なども会計年度任用職員では明確に定められた．たとえば，採用は競争試験又は選考，任期は採用日からその会計年度の末日までの最大 1 年，勤務時間はフルタイム又はパートタイムの 3 点があげられる［笹野・石川・山口ほか 2017a：57-60；村上・松田 2017b：67-68］.

　3 つめに，国家公務員との均衡や同一労働同一賃金の観点から，会計年度任用職員について給料・手当を支給できる給付体系が設定された．フルタイムの会計年度任用職員については給料，手当および旅費の支給対象となった．給料については，当該会計年度任用職員の職務と類似する職務に従事する常勤職員の属する職務の級の初号給の給料月額を基礎として，職務の内容や責任，職務遂行上必要となる知識，技術および職務経験などの要素を考慮して定めること

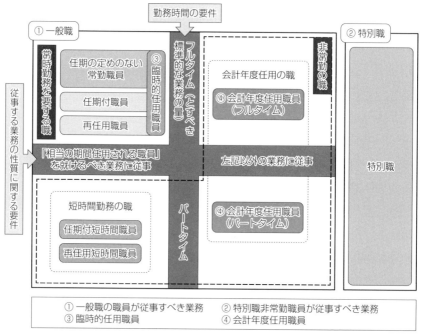

図4-3　改正後の地方公務員法制上の職の概念

出典：総務省［2017c：9］の図を筆者が一部修正.

が任命権者に求められた．また，手当については同一労働同一賃金の観点から，超過勤務手当，宿日直手当，休日勤務手当，夜間勤務手当，通勤手当は適切（原則支給）に，特殊勤務手当などの職務給的な手当，地域手当，特地勤務手当，へき地手当については任命権者の判断で支給することになった．加えて，任期が長期にわたる場合には期末手当を，要件を満たした場合には退職手当を支給することが定められた［笹野・石川・山口ほか 2017c：53-58；村上・松田 2017b：69-71］．

　パートタイムの会計年度任用職員については，特別職非常勤職員と同様に報酬および費用弁償の給付体系に位置付けられたが，具体的な金額についてはフルタイムの会計年度任用職員に係る給料決定の考え方との権衡に留意したうえで，勤務の量に応じて定めることが任命権者に求められた．また，超過勤務手当，宿日直手当，休日勤務手当，夜間勤務手当はこれらに相当する報酬として，

通勤に係る費用は費用弁償として支給することが，期末手当についても任期が長期にわたる場合には支給することが任命権者に求められた［笹野・石川・山口ほか 2017c：53-58；村上・松田 2017b：71-72］．

　その他，会計年度任用職員の詳細について主なものは次のとおりである．まず，採用方法については「常勤職員とは異なり，競争試験を原則とするまでの必要はない」との考えから競争試験又は選考となり，面接や書類選考などによる適宜の能力実証によることも可能となった［総務省 2017c：18］．任期については，採用の日から同日の属する会計年度の末日までの期間の範囲内で任命権者が定めることが明記された［総務省 2017c：21］．当該職と同一の職務内容の職を翌年度も設置することは認められ，この場合は平等取扱いの原則や成績主義のもと，客観的な能力の実証を経て同一の者が再度任用されることも可能と整理された．ただし，再度任用された際はあくまで新たな職に改めて任用されたものとして取り扱われ，任期の延長とは異なる位置付けとなった［総務省 2017c：34-35］．任期の設定は地方自治体の適切な判断に委ねると明記されたものの，退職手当や社会保険料の負担を避けるため，再度の任用の際に新たな任期と前の任期とのあいだに一定の期間（いわゆる「空白期間」）を設けることは適切ではないと明示された．加えて，公務上重大な問題を生じるおそれがあるとして，任用されていない者を事実上業務に従事させることのないように注意喚起もされている［総務省 2017c：35-36］．

　また，非常勤職員を含む全ての一般職の職員について条件付採用が可能となったが，条件付採用の期間が6月である常勤職員との均衡や，そもそも会計年度任用職員の任期が1年であることなどから，会計年度任用職員の条件付採用の期間は1月とする特例が設けられた［笹野・石川・山口ほか 2017a：55-57］．同一の者が再度任用された場合でも改めて条件付採用の対象となり，能力を実証することが必要となった［総務省 2017c：50］．先に触れた服務面に関しては，フルタイムの会計年度任用職員については営利企業への従事等の制限の対象となったが，パートタイムの会計年度任用職員については対象外となった．ただし，

パートタイムの会計年度任用職員であっても職務専念義務や信用失墜行為の禁止等の服務規律は適用される整理となった．それ以外の服務面については会計年度任用職員に対しても例外なく適用され，違反する場合には懲戒処分等の対象となった［総務省 2017c：21-22］．

さらに，会計年度任用職員についても常勤職員と同様に勤務条件に関する交渉制度が適用され，代償措置として勤務条件条例主義，人事委員会又は公平委員会に対する措置要求や審査請求等が認められるようになった［総務省 2017c：38］．勤務時間については職務内容や標準的な職務量に応じ適切に設定する必要があるとしつつも，柔軟な人事管理や勤務条件の改善による人材確保にも資するフルタイムでの任用について積極的な活用を検討するよう求められた．逆に，財政上の制約を理由として合理的な理由なく短い勤務時間を設定し，現在実施してフルタイムでの任用について抑制を図ることは改正法の趣旨に沿わず，避けるべきと明記された［総務省 2017c：25］．

最後に，休暇については，労働基準法に定める年次有給休暇，産前産後休業，育児時間および生理休暇の他，中央府省の非常勤職員との権衡から必要な休暇を設けることが任命権者に求められた．とくに育児休業については地方公務員育休法が適用となり，対象となる職員の要件などを条例で定めることが必要となることから，会計年度任用職員の育児休業の規定等を整備することが任命権者に求められた［総務省 2017c：26-28］．

┼ 2．人件費・定員削減とのジレンマ

（1）制度改正の背景とねらい

一部繰り返しになるが，今回の臨時・非常勤職員の制度改正にあたって課題としてあげられていた事項について改めて確認しておきたい．それはおおむね次の3点に集約される．

① 単なる事務補助職員も特別職として任用している場合が見られるなど，本来の地方公務員法の趣旨とは異なる運用が行われており，服務面で問題がある．

② その反面，一般職非常勤職員の採用方法等が明確に定められていないため，一般職非常勤職員としての任用が進んでいない．

③ 民間で同一労働同一賃金に向けた検討が行われている社会情勢のなか，中央府省の非常勤職員は期末手当をはじめとした手当の支給ができる一方で，自治体では地方自治法上，労働者性の高い非常勤職員であっても手当が支給できない．

　まず，①の「本来の地方公務員法の趣旨」から議論を進めていきたい．この「本来の地方公務員法の趣旨」とは，旧大日本帝国憲法下で身分的に区分されていた公務員制度を排し，民主的公務員制度，すなわちメリットシステム（成績主義）に基づく人事制度を確立することである．具体的には，「公務の中立性の確保，職員の長期育成を基礎とし，職員の身分を保障して職員が職務に安んじて精勤できるようにすることによる公務の能率性の追求，（中略）企画立案やサービスの質の担保等の観点[4]」から，能力の実証に基づいて任用した常勤職員を中心として公務を運営することである．地方公務員法第 3 条第 3 項第 3 号で定める特別職非常勤職員としての任用はメリットシステムの例外であるから，特別職非常勤職員として職員を任用する際は慎重を期さなければならないのである．具体的には，特別職非常勤職員の職とは「恒久的でない職又は常時勤務することを必要としない職」かつ「職業的公務員職でない職である」という要件を満たす職と考えられていた．実際，地方公務員法の制定当初からしばらくのあいだは，こうした限定的な運用が地方自治体で行われていた［上林 2015：126］．

　しかし，現在では職業的な公務員の職に就く常勤的勤務態様の職員を特別職非常勤職員として任用している自治体も少なくない．自治法の本来の趣旨とは

異なるこの運用について，総務省はかねてから問題意識をもっていた．たとえば，旧自治省に設置された地方公務員制度調査研究会の報告書『地方自治・新時代の地方公務員制度』でもこの点について触れられている[5]．同報告書は1999年に公表されたが，少なくともこの時点で旧自治省は特別職非常勤職員について本来の趣旨とは異なる運用が自治体で行われている認識があったはずであろう．この認識は，同報告書が出されたのちに設置された審議会の報告でもたびたび言及されている［上林 2015：150-53］．長年の課題であったこの法的な課題が，③の事由，すなわち現在民間で非正規職員の賃金が正規職員と比べて安く，同一労働同一賃金の議論が進んでいることを受け，「隗より始めよ」といわれないためにも，何らかの対応を取る必要があるという政治的・社会的な理由の後押しにより，このタイミングでの法改正となったと推察される．

　ここで改正にあたっての総務省の論理を単純化すると，「本来一般職非常勤職員として任用すべき者を特別職非常勤職員として任用することは，服務面の制限が問われない点や常勤職員との処遇上の点で課題がある」，「他方で，あるべき任用が進まない理由は，任用方法など，一般職非常勤職員の制度が抽象的であるからだ」，「このことから会計年度任用職員という新たな一般職非常勤職員の職を設けたので，そちらへの移行をお願いしたい」ということになる［笹野・石川・山口ほか 2017a：49-51］．逆にいえば，今回の改正は改正の影響を受ける地方自治体が求めたものではないことをここで強調しておきたい．この点についてはのちに詳しく触れる．

（2）臨時・非常勤職員の増加の原因

　この総務省の論理を受けて筆者が疑問に感じることは，そもそも前項の①が生じてしまった原因はなぜなのか，すなわち，そもそもなぜ自治体は事務補助性が高い者を特別職非常勤職員として任用していたのかという点である．これについて総務省は「人口減少・高齢化の進行，行政需要の多様化など社会経済情勢の変化に一層適切に対応することが必要である」，「勤務形態としても多様

な働き方が求められている」という地方自治体の実情があったためと記載するに留まり，具体的には明言していない［笹野・石川・山口ほか 2017a：49］.

　それでは，なぜ自治体では，人口減少・高齢化の進行，行政需要の多様化など社会経済情勢の変化に一層適切に対応することが必要であること，勤務形態としても多様な働き方が求められていることが，事務補助性が高い者を特別職非常勤職員として任用していたことにつながっていたのか．この点について上林陽治は，「特別職非常勤職員という任用の形式は，1960〜1980年代にかけて徐々に増加してきた臨時職員・非常勤職員の任用に係る明確な基準がない曖昧な状況の中で，再雇用制度における特別職採用を援用する形で，あえて任用の形式を問われれば，成績主義の適用のない地公法 3 条 3 項 3 号ではないかという安易な考えのもとで広まっていったものと考えられる」［上林 2015：150］と指摘している．そのうえで，この臨時・非常勤職員の増加については「高度経済成長とともに行政需要は拡大し，それを処理するため，地方公共団体では定数外職員である臨時・非常勤職員を新たに任用し続け，その人数も増加していった．さらに，1975年に地方財政危機が表面化する中で，人件費削減圧力が高まり，その結果，支払われる報酬や賃金が人件費に換算されず，かつ安価な労働力である臨時・非常勤職員が多くの自治体で採用されることになった」［上林 2015：144-50］と述べている．

　また，前田健太郎は現在の日本の公務員制度は公務員の定員よりも給与を優先的に守る仕組みであることから，公務員数を必要以上に低く抑えており，人員削減に偏重したシステムとなっている可能性について指摘している［前田 2014：267］．前田によれば，日本の公務員の数の少なさはもともと行政組織が効率的であったからではなく，人事院勧告に基づく給与制度が公務員の給与水準を保護ないし引き上げる役割を果たしたことで，人件費の膨張への危機感を抱いた政府が早い段階から公務員数を抑制するための行政改革に乗り出し，必要な人員を増やさなかったためであるという［前田 2014：257-67］．人事院勧告の内容はもちろん各自治体の給与水準に大きな影響を与える．これらの指摘か

らは，臨時・非常勤職員が増加した根本的な原因は人件費削減のための過剰な定員削減にあると指摘できる．

（3）予想される課題

　この定員削減について，バブル経済の崩壊以降も国は自治体に対して繰り返し要求してきた．年々高まる行政需要を十分に満たす税源に乏しいという厳しい財政状況が続くなか，2001年から始まった当時の小泉内閣による三位一体の改革の過程で自治体への交付金が減らされた．これに加え，総務省が2005年3月に「地方公共団体における行政改革の推進のための新たな指針（集中改革プラン）」を公表し，自治体全体で6.4%の職員数の純減が目標として設定されたことや同年11月に経済財政諮問会議が「総人件費改革基本指針」を示したことなどにより，自治体は人件費削減が避けられない状況にあった［総務省 2010］．こうしたなか，全国市長会による『都市財政の将来展望に関する調査研究最終報告書』（2007年3月30日）によれば，自治体は常勤職員数の削減，給与の引下げ，各種手当の見直しなどで国からの要求に対応した．このうち，削減した職員の業務について，臨時・非常勤職員の任用や民営化などで代替することで人件費削減を図っていたのである．たとえば2017（平成29）年の常勤職員数は1994（平成6）年から54万人もの職員が削減（16%減）されている（図4‐4参照）．

　さて，今回の臨時・非常勤職員の制度改正では，民間部門で議論されている同一労働同一賃金の視点を踏まえ，臨時・非常勤職員の待遇改善のために各種手当なども充実される．加えて，空白期間の適正化による期末手当や退職手当の増額，厚生年金保険や健康保険への加入も実施されるなど，一見すると臨時・非常勤職員の労働条件が改善される内容となっている．しかし，厳しい財政状況が続く自治体にとっては，こうした手当や保険料などによる歳出の増加は財政上の大きな負担となる．常勤職員に対して手当の見直しや給与カットなどを実施し，なんとか財源を捻出している自治体も存在するなかで，このような整理は容易に受け入れられるものではない．他方で，総務省は「単に勤務条

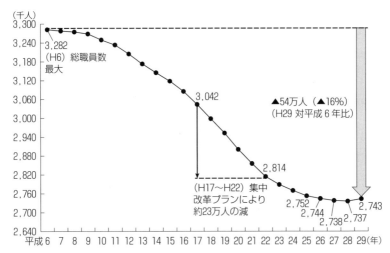

図 4 - 4　**自治体の総常勤職員数の推移**（1994年（平成 6 年）～2017年（平成29年））

出典：総務省［2018］の図を筆者が一部修正.

件の確保等に伴う財政上の制約を理由として，会計年度任用職員への必要な移行について抑制を図ることは，適正な任用・勤務条件の確保という改正法の趣旨に添わない」［総務省 2017a：4］と明示しており，自治体は逃げ場のない状況に置かれている.

　結局，手当や保険料などの予算を確保できない自治体は，大きく次の 2 つの方策のうち，どちらかを取らざるをえないと予想される.

①「現に存在する職を漫然と存続するのではなく，それぞれの職の必要性を十分に吟味した上で適正な人員配置に努める」［村上・松田・椋田 2017：61］との文言に従い，必要性を十分吟味した結果，職を減らすことができたと理屈づけ，臨時・非常勤職員の人数を減らす.

② 今回の整理に従って手当を支給する代わりに年収ベースで変化がない範囲内で給与月額または月額報酬を下げる，あるいは現状の制度を可能な限り財政的負担が変わらないように新制度に落としこむなどの方

法を取ることで，可能な限り総人件費の変化が起こらないようにする．

　この結果として，①ではこれまで非常勤職員として採用されていた者が採用されない，いわゆる「雇い止め」，②では臨時・非常勤職員にとって法改正のメリットが享受されないといった状況が発生するおそれもある．

✝ 3．職 の 整 理
──常勤職員との関係──

（1）従事する業務の性質に関する要件
　次に，今回の改正で実施される地方公務員の職の整理について確認したい．すでに図4-3で示したように，改正後の地方公務員法では地方公務員の職の全体的な整理がなされている．これを従事する業務で区別すると次の3つとなる．

　　① 相当の期間任用される職員を就けるべき業務
　　② それ以外の業務（会計年度任用職員）
　　③ 専門的な知識経験又は識見を有する者が就く職であって，当該知識経験又は識見に基づき，助言，調査，診断その他総務省令で定める事務を行うもの

　今回の改正で①・②が一般職，③が特別職と整理されたが，この一般職と特別職の違いは明確である．特別職については改正後の地方公務員法で限定的な取り扱いが行われ，また総務省令でも限定列挙され，さらに総務省が作成した「会計年度任用職員制度の導入に向けた事務処理マニュアル」（以下，「マニュアル」と略）のなかでも具体的に職があげられているからである．加えて，今回の制度改正で整理された服務面から見ても，任命権者又はその委任を受けた者の指揮監督下で行われる事務については服務等が課されるべきであり，会計年

度任用職員として任用すべきとの見解が出されているため，一般職か特別職か
は容易に判断することができる．

　他方で，一般職内の①と②の違い，すなわち相当の期間任用される職員を就
けるべき業務であるか否かの判断については明確ではない．①か②かの判断の
基準については，「単に業務の期間や継続性のみによって判断されるものでは
なく，従事する業務の性質に関する要件を示すものであり，業務の内容や責任
の程度などを踏まえた業務の性質により判断されるべきもの」［村上・松田
2017a：59］と説明されている．これに関して，報告書では「典型的には，組織
の管理・運営自体に関する業務や，財産の差押え，許認可といった権力的業務
などが想定される[7]」と述べられている．つまり，この従事する業務の性質に関
する要件は，究極的には自治体に対し，すべての業務についてどの区分の職員
が担うべきかという根源的な事項について改めて整理を求めることに帰着する
のである．

　この職の整理を仮に実直に行う場合，現に存在する業務を細分化したうえで，
少なくとも細分化した業務の1つひとつについて，① 相当の期間任用される
職員を就けるべき業務，② それ以外の業務，③ 外部化してもよい業務のいず
れかに該当するかを判断していくことになる．もちろん，すべての職員がこの
3つの種類の業務のうちどれか1つだけを担っているとは限らない．こうした
細かな部分まで考慮して検討する事務は膨大な量になることが予想される．ま
た，歴史的に見れば，日本の行政組織はこうしたボトムアップ的な積み上げを
避けてきたことは行政学ではよく知られている．たとえば，職級ごとにその特
質を表す職務と責任を記載した職務明細書（job description）の作成が困難であ
るなどの理由から，職階制の導入に挫折していることがあげられる．先に触れ
た定員管理でも，個々の事務量に必要な職員数を積み上げていく事務量算定方
式（ミクロ方式）ではなく，現職員数，財政状況，行政需要などの指標で類似団
体を比較して妥当な職員数を割り出す他団体比較方式（マクロ方式）が採用され
ている．今回の法改正にあたって，総務省は技術的な助言を行うことが定めら

れているが，こうした点についても特段の具体的な助言はなかった．

　たしかに，この職の整理は総務省の統制の範囲ではなく，自治体の裁量，すなわち人事政策の範囲と位置付けることもできる．しかし，筆者はこのあいまいな基準によって新たな問題が発生するおそれを懸念している．具体的には先に述べた財政上・定員上の理由から，本来「相当の期間任用される職員を就けるべき業務」を「それ以外の業務」と解釈することで，徐々に常勤職員が会計年度任用職員に置き換わっていくのではないか，という点である．今回の改正の目的の1つに，地方公務員法の本来の趣旨とは異なる運用を是正することがあったが，それはメリットシステム（成績主義）に基づく人事制度の遵守であることはすでに確認した．仮にこの筆者の懸念が現実になれば，今回の改正にあたって課題とされた点とは別の新たな地方公務員法の本来の趣旨とは異なる運用が行われる可能性がある．この結果，地方自治体において任期の短い不安定な職員がさらに増加する．こうした地方自治体の人事政策上の懸念を解消するためにも，今回の改正と同時に，たとえば職の整理の結果としての定員増を認めることや自治体の人件費の財源を確保することが担保されるべきである．

（2）勤務時間の要件

　また，今回の改正では一般職の勤務時間の要件についても新たな基準が示された．勤務時間の要件は常勤職員と比べて勤務時間が同じか少ないかによって判断されるが，この常勤か非常勤かの判断については，これまでは手当支給の適法性が争われた過去の判例から1週間あたりの勤務時間が常勤職員の4分の3を超えることが基準となっていた．[8] この司法判断は，当時の中央府省の日々雇用職員以外の非常勤職員の取扱いが常勤職員の勤務時間の4分の3を超えない範囲と説明されてきたことを踏まえたものである．しかし，中央府省において日々雇用職員制度が廃止され，新たに創設された期間業務職員制度では非常勤職員は常勤職員の勤務時間の4分の3を超えるか否かに関わらないと定められていることを踏まえ，会計年度任用職員では1週間あたりの勤務時間が常勤

職員と同じフルタイムと，それよりも短いパートタイムに分けられている．常勤職員の1週間あたりの勤務時間は週あたり38時間45分（＝1日あたり7時間45分×週5日勤務）であるため，極端にいえば38時間45分よりも1分でも短ければパートタイムとして取り扱われる．

　フルタイムとパートタイムの処遇の差については手当面からの課題を指摘できる．今回の改正では，手当関係についての規定整備について，同一労働同一賃金のもと臨時・非常勤職員にも手当を支給できるようになった．わずかな勤務時間の差によって本人に給付する金銭の費目（給料なのか報酬なのか）や手当の種類（フルタイムは特殊勤務手当等の職務給的な手当，地域手当，特地勤務手当，へき地手当，退職手当の支給の可能性があるが，パートタイムはない）が変わるが，その職の設定方法や手続については明確でない．それぞれの地方自治体の実情に応じて柔軟に対応できるともいえるが，今回の改正後にそれがどこまで許されるのかは不明である．

　また，この論点は今回の整理の前提としてあげられていた勤務形態としても多様な働き方が求められている点をどこまで考慮すべきか，職の設定にあたってどこまで会計年度任用職員に譲歩できるかという点にも大きく関係している．子育てや介護などの事由によってフルタイムでの勤務を望まない，あるいはできない者が増えるなど，社会情勢の変化にともなう被雇用者の働き方の意識は変化している．これが勤務形態としても多様な働き方が求められている理由である．公務の職を希望するものの，常勤職員ほどの責任ある業務を担うことを望んでいない者にとって，これまでの非常勤職員は自らの意向と合致する魅力的な職であった可能性がある．また，雇用者である自治体も，採用に関して競争試験又は選考が必要と規定されている一般職非常勤職員よりも，特段の規定のない特別職非常勤職員の方が事務手続の面で採用が容易であった．このように労使双方にとってメリットがあり，需要と供給が一致したことが，これまで特別職としての非常勤職員が増えてきた1つの要因であるかもしれない．

　以上から，今回の改正を踏まえて，雇用者である自治体がフルタイムの会計

年度任用職員としての採用を可能な限り避けた場合，同一労働同一賃金の趣旨は徹底されない．逆に，今回の整理に過度に反応し，これまで常勤でなかった者を画一的にフルタイムとして任用した場合，臨時・非常勤職員の意向に反することもあり得る．したがって，勤務日や勤務時間が分割可能な定型的な業務の場合に，職の設定にあたって地方自治体の裁量がどの程度あるのか，また勤務形態としても多様な働き方を求める会計年度任用職員の意向をどこまで認めるべきなのかについての基準や考え方，事務手続きなどが示される必要がある．多様な働き方を認めるということは，勤務時間や場所について，これまでのあらかじめ定められた「職」に「人」を就ける雇用システムから「人」が希望する働き方に「職」を合わせる雇用システムへの転換を意味する．つまり，基準が明確に示されなければ改正の前提となった課題が解決されないおそれがある．

4．任用・更新と人事評価

（1）任期の課題

すでに述べたように，新たに設置された会計年度任用職員は，名前が示すように任期の上限は一会計年度内と定められ，毎年度の歳入歳出予算を通じて年度ごとに当該職の必要性が再度吟味され，引き続く場合は改めてその職が設置された扱いとなる［村上・松田・椋田 2017：44］．また，任期付職員については専門知識を有する者は5年以内，それ以外は3年以内と複数年度での設置が可能であり，今回の整理のなかで常勤職員が担うべき業務，すなわち「相当の期間任用される職員を就けるべき業務」に従事していた者がいれば，この区分での任用として整理することが任命権者に求められている［村上・松田・椋田 2017：60］．

ここで問題になるのは，整理のなかで抜け落ちている部分，すなわち常勤職員が担うべき業務ではないが採用時点ですでに複数年度にまたがって設置が必要であると認められる職が存在することである．具体的には今回の整理で強調

された事務補助的な業務がまさにそれに該当するが，この業務の取り扱いについては明確な答えが示されていない．

　再度の任用に関しては，マニュアルにおいて「当該非常勤の職と同一の職務内容の職を翌年度設置することは可能で，その職に同一の者が再度任用されることはあり得る」，「再度の任用に係る募集にあたって，任用回数や年数が一定数に達していることのみを捉えて一律に応募要件に制限を設けることは，平等取扱の原則や成績主義の観点から避けるべき」，「任用期間を通算した期間が5年を超える臨時・非常勤職員が，任期の定めのない任用を申し出た場合であっても，民間企業のように『相当の期間任用される職員を就けるべき業務』を担う職員に転換されない」［総務省 2017c：34-35；52］などの記載がある．これだけを見れば，同一会計年度内で最大1年の任期と定められている会計年度任用職員であっても，事実上複数年度にわたって同一の者が同一の職務内容の職に任用することは禁止されていないように思われる．

　他方で，「同一の者が長期にわたって同一の職務内容の職とみなされる会計年度任用の職に繰り返し任用されることは，長期的，計画的な人材育成・人材配置への影響や，会計年度任用職員としての身分および処遇の固定化などの問題を生じさせるおそれがある」［総務省 2017c：35］とも述べられている．つまり，結果的であっても任用を繰り返している実態があるのであれば，その非常勤職員が担っている業務は非常勤の職が担うべき業務ではなく，相当の期間任用される職員を就けるべき業務と判断される可能性がある．先に指摘した事務補助職員の取扱いも含めて，図4-3の「一般職の職員が従事する業務」の考え方については，適正な任用・勤務条件の確保等のためにも明確にしておくべきである．

（2）更新時の課題——人事評価——

　今回の法改正によって会計年度任用職員についても人事評価の対象となった．会計年度任用職員の人事評価については，評価結果を研修などの人材育成や再

度の任用に活用することが想定されている．たとえば，後者については再度の任用の際に客観的な能力実証を行うにあたって，人事評価の結果を判断要素の1つとして取り上げることができる．また，会計年度任用職員を正規職員として採用する場合にも，経歴，適性等の評定の一要素として考慮してもよい．このような取り扱いについては，常勤職員としての任用にあたっていかなる優先権を与えるものでない限り，平等取扱の原則に反しないと判断されている［村上・松田・椋田 2017：44］．

　他方で，そもそも自治体において人事評価の実施が法律で義務付けられた時期は2016年4月1日からと最近のことである．人事評価の導入にあたっての課題としては，それまでの勤務評定において評価項目が不明瞭であらかじめ明示されていない，上司から一方的に評価されるのみで評価結果は部下に知らされない，人事管理に十分活用されていないなど，透明性の確保があげられていた．こうした課題を解消するために導入された人事評価は，評価の観点として「能力評価」と「業績評価」の両面から評価して人事管理の基礎とする，評価基準の明示や評価結果の本人への開示の仕組みを作るなど，従来の勤務評定と比べて人事の公平性・公正性を担保しながら客観性・透明性を高めたものと位置付けられている［総務省 2014］．

　また，この人事評価は能力・実績主義を実現するための1つの手段としても活用することが求められている．昨今の公務員の定年引上げの議論においても，定年引上げによる昇任ペースの遅れは若手・中堅職員のモチベーション維持の点で懸念があるため，人事評価に基づいた昇任者の選定の厳格化や従来のペースにとらわれない昇任の推進などが必要との意見がある．逆に勤務実績がよくない職員については，人事評価の結果等を踏まえた降任・降格等の分限制度による厳正な対応の必要性も指摘されている[9]．

　もちろん，こうした職員間での差をつけることのみが人事評価の目的ではなく，人事評価は人材育成のための重要なツールとしても位置付けられており，人事評価のプロセス自体にも人材育成の側面がある．たとえば，「能力評価・

業績評価」や「評価者の訓練」は「マネジメント能力の醸成」に，「評価基準の明示」は「期待する職員像の明示」に，「自己申告，面談，結果の開示」は被評価者自身の振り返りによって「やる気の増進・主体的な能力開発」につながることが期待されている［総務省 2014］．

　ひるがえって，こうした経過や目的をもった常勤職員のための人事評価制度が，今回新たに創設された会計年度任用職員に対してどこまでなじむのであろうか．たとえば，会計年度任用職員の人事評価は常勤職員とは異なり雇用そのものに直結するため，人事評価の実施に際してはより慎重で，より厳格に客観性と公平性を確保しなければならない．さらに，会計年度任用職員の任期はあくまでも最大 1 年であるため，常勤職員のように人事評価結果を研修制度や計画的な人事異動と連動させた体系的な能力開発ができない．

　こうした課題があるにもかかわらず，会計年度任用職員の人事評価について，総務省は「具体的な人事評価の実施方法については，各任命権者に委ねられており，職務内容や勤務実態等に応じて柔軟な形で人事評価を実施することも可能」［村上・松田 2017a：44］と述べるにとどまり，詳細や留意点について説明がなされていない．臨時・非常勤職員の数が多いことを認識しているのであれば，総務省は臨時・非常勤職員の人事評価を実施するにあたっての簡便な方策について具体的に示すべきであろう．そうでなければ，臨時・非常勤職員の人事評価を実直に実施しようとする自治体ほど評価者となる所属長の負担が増え，任免の可否を決める一因となる人事評価がおろそかになってしまう．さらに，作業負担と心理的ストレスの増大はいわゆる「評価疲れ」を引き起こし，常勤職員も含めた人事評価制度全体が形骸化してしまうおそれもある．

＋ おわりに

　以上，本章では2020年 4 月 1 日から実施された自治体における臨時・非常勤職員の制度改正にあたっての課題について述べた．これまでに指摘したことと

一部重複するが，ここで改めて今回の臨時・非常勤職員の制度改正の課題をまとめておきたい．

　まず，そもそも今回の改正は誰のためだったのかという点である．総務省が懸念していた法の趣旨に反する任用の是正という課題は，今回の改正によっておおむね解消されるだろう．それ自体は実施すべきことで否定する余地はないが，一連の改正内容が自治体や現に勤務する臨時・非常勤職員にとってメリットがあるかというといささか疑問を感じざるをえない．とくに後者については，任用や勤務時間など現状の制度の方が好ましいと感じる臨時・非常勤職員もいるかもしれない．たとえば現に勤務する臨時・非常勤職員に対して事前にアンケート等を実施するなど，全体としてどのような意向があるかを十分に調査したうえで改正を実施すべきではなかっただろうか．

　次に制度改正のデザインや理論は適切かという点である．これについては，まず同一労働同一賃金を謳う一方で財源の担保がないという矛盾があげられる．たとえば，仮にこの財源を捻出するために自治体が既存事業の縮小や廃止，常勤職員の給与カットを実施したり，会計年度任用職員についてフルタイムでの任用を避けたりするのであれば本末転倒である．また，これまで常勤職員が担ってきた業務を会計年度任用職員に任せることで常勤職員の数を減らすのであれば，今回の整理の前提である常勤職員を中心とする公務の運営という原則に反し，理論上も矛盾が生じてしまう．定員削減の圧力をかけてきたなかで，財源の担保もなしにさらに地方自治体に負担を求めることは，自治体の安定的な行政運営の悪化を招きかねない．

　また，現に雇用している臨時・非常勤職員の数を減らして改正後の雇用条件に合わせるのであれば，これまで任用されてきた臨時・非常勤職員から雇い止めと批判されかねない．そもそも臨時・非常勤職員が増えた原因は常勤職員の定員削減であった．今回の改正を受けて臨時・非常勤職員の数までも減るのであれば，あふれた業務は既存の常勤職員が担うことになる．すでに長時間労働によってメンタルヘルス不調を訴える地方公務員も増加している現状にも鑑み

れば［地方公務員安全衛生推進協会 2018；厚生労働省 2015］，改正にともなう業務量や改正後の業務量など，常勤職員への影響も考慮して慎重に地方公務員制度全体のデザインを行うべきではなかっただろうか．

　これは勤務形態としても多様な働き方が求められている点も同様である．総務省は多様な働き方が求められると述べながらも，すでに指摘したとおり，この多様な働き方が今回の改正でどのように反映しているのか具体的には言及していない．過度の負担を強いられている一部の常勤職員の働き方の問題も同時に考慮しなければ，こうした常勤職員がますます増加する事態は容易に予想される．働き方改革が叫ばれているなか，この点についても言及があってしかるべきではないだろうか．

　全体的に見れば，職の区分など詳細はあいまいな部分が多く，総務省の統制と地方自治体の裁量の範囲が不明確であるため，自治体に丸投げしている印象が否めない．今回の改正は単に職の整理の方向性が示されたのみで，常勤職員にも臨時・非常勤職員にも大きなメリットもなく，ただ事務手続面が煩雑になるだけ，という否定的な意見をもっている自治体が多いのではないだろうか．

　実態をともなわない効率化は，定員管理という制度を通じて自治体の常勤職員を削減させ，市民生活に直結する自治体の現場における安定的な行政運営に悪影響をおよぼしている．今回の臨時・非常勤職員の制度改正によって，豊富な経験をもつ臨時・非常勤職員の雇い止めや常勤職員への負担増など，財政的に余裕のない自治体に対してはさらなる悪影響も予想される．そこで，形骸化された組織管理の在り方を見直し，人件費と業務量が連動する効率化のための良い仕組みのデザインが今後の行政改革には求められる．次章では常勤職員の働き方改革に着目し，検討していく．

注
　1）　なお，本章では人事政策を「自治体が地方行政や自治体政策を推進するにあたって取りうる，職員採用や人員配置，権限付与といった行為からの議論」と定義して議論

を進めていく.

2）　ここでいう事務補助職員とは，2012（平成24）年調査の一般事務職員とは異なり，2012（平成24）年調査の職種別区分が細分化され，2016（平成28）年調査で新たに設けられた区分であることには注意されたい.

3）　詳細は地方公務員の臨時・非常勤職員及び任期付職員の任用等の在り方に関する研究会［2016］を参照.　なお，制度改正にあたっての課題と改正案の概要については，この他にも総務省が公開している各種資料（総務省所管の研究会報告書を含む）および地方公務員月報における総務省職員による解説記事［笹野・石川・山口ほか2017a；2017b；2017c；村上・松田 2017a；2017b；村上・松田・椋田 2017；村上・松田 2018］も参照した.

4）　地方公務員の臨時・非常勤職員及び任期付職員の任用等の在り方に関する研究会［2016：1］を参照.

5）　地方公務員制度調査研究会［1999：21-22］を参照.

6）　日本都市センター［2007］の第2章「『三位一体改革』の財政運営に対する影響」32ページを参照.

7）　地方公務員の臨時・非常勤職員及び任期付職員の任用等の在り方に関する研究会［2016：4］.

8）　具体的には「茨木市臨時的任用職員に対する一時金の支給に係る損害賠償請求事件」である.

9）　内閣官房［2018：21］参照.

第 5 章　自治体における働き方改革とアカウンタビリティ

┼ は じ め に

「長時間労働を是正していく．そして，非正規という言葉を一掃していく．
子育て，あるいは介護をしながら働くことができるように，多様な働き方を可
能にする法制度が制定された」[1]．2018年6月29日，「働き方改革を推進するた
めの関係法律の整備に関する法律」（以下，「働き方改革関連法」と略）の成立にあた
り，安倍晋三総理大臣（当時）は会見でこのように述べた．実際，夫婦共に勤
労者である共働き世帯は1997年に専業主婦の世帯数を上回って以降増加し続け，
2016年現在ではおよそ63％となっている[2]．また，要介護・要支援認定者数も増
加傾向にあり，2017年3月現在では632万人にのぼる［厚生労働省 2018a］[3]．子育
てや介護のために労働時間を制約せざるをえない労働者が今後ますます増える
ことは確実であることから，労働生産性を改善して家庭への参加時間を保証す
るためにも，働き方改革の迅速かつ着実な実行は社会的な要請といえる．これ
は民間部門に限った話ではなく公共部門も同様である．人事院は2018年の人事
院勧告において，国家公務員の残業規制を人事院規則で定めることを明言する
など［人事院 2018：80］，公務員の働き方改革も進められている．

　しかし，公務員の長時間労働についても，民間部門と同様にこれまでから規
制されてきたにもかかわらず，解消されてこなかった．この理由について，本
章では公務員のうち都道府県および政令指定都市（以下，「都道府県等」と略）の

行政職職員を念頭に置いて考察した．結論から言えば，その原因は現在の公務員の職場環境が長時間労働を見逃すメリットが大きい状況にあることや，形式的・手続的な規制に終始されてきたことにある．そこで，規制の実効性を担保するために，行政統制，特にアカウンタビリティの視点から任命権者内部でだけではなく第三者からのチェックが重要であることを示したうえで，このチェックの主体として人事委員会が果たすべき役割を再認識し，その権限強化の必要性を指摘する．

＋ 1．公共部門における行政職職員の働き方改革の理想と現実

（1）働き方改革時代の理想の職場環境

「働き方改革」時代の理想の職場とは，すべての職員が定時で業務を終わらせることのできる環境である．公共部門の場合，業務やその手続きの多くは法令等で定められており，民間部門と比較して現場の一存でこれらをやめることが困難な状況にある．このため，全職員による業務の効率化や改善の提案はもちろん，各職場の所属長や係長など，管理監督すべき職員が業務を適切に割り振ることなどが重要である．管理監督すべき職員については，各職員の超過勤務状況を正確に把握し，定められた上限時間を超えないことはもとより，特定の職員に負担がかからないよう適切なマネジメントを行うことも求められる．また，人事当局は，必要に応じた所属長への指導，それぞれの職の役割および責任の明確化と徹底，実態を踏まえた適切な人員配置や組織改正，職員の働き方に係る課題の共有や良い取組事例の周知などが必要であろう．

（2）「働き方改革」が進まない原因

1）　人事評価と心理的要因

そもそも，今回の働き方改革が叫ばれる以前から長時間労働に関するさまざまな規則などが定められていたにもかかわらず，なぜ長時間労働は解消されな

かったのだろうか.

　まず，これまで職員の実際の超過勤務時間についての客観的なデータがなく，上司が部下の本当の勤務時間を把握できていないため，適切なマネジメントがなされてこなかった点が考えられる[4].　この背景には，上司からの明確ないしは暗黙の指示がない場合でも部下が自発的に超過勤務を申請していない可能性を指摘できる.　たとえば上司と部下との人間関係が良いとき，上司の仕事を増やしたくない心理が部下に働くことで，部下は自発的に一定以上の超過勤務を申請しない可能性がある.　長時間労働防止のため，公共部門でも一定以上の超過勤務については人事当局に事前報告・承認を必要とする場合もあるが，これが逆機能として働き，超過勤務をあえて申請しないことで上司への人事当局からの指導を回避できるからである.　逆に上司と部下との人間関係が悪い場合でも，部下は超過勤務申請を行わないことで自らの仕事の進め方について上司の関与や指導を回避できるというメリットがある.　たとえば，子どもの保育所への送り迎えが必要な職員の上司に対して自らの家庭事情を相談しにくい，あるいは上司が過度な時間外勤務の削減を求めてくる場合，上司よりも早く出勤して時間内に終わらせることができない業務を定時前に行うものの，この事実を上司に知られたくないために時間外勤務を申請しない，といった行動に出ることは容易に想像できる.

　また，上司からの評価も自発的に超過勤務を申請しない理由の１つである.働き方改革の議論で頻繁に取り上げられる「生産性」とは，「作業との関連でみた事業の能率性，とりわけ職員労働との関連でみた事業の能率性を指す概念」［西尾 1976a：186］，すなわち，いくらの時間でどれだけの業務をこなしたのかである.　生産性を向上させるためには，① 同じ量の仕事をより少ない時間でこなす，② 一定の時間でより多くの仕事をこなす，③ ①と②の両方を同時に行う，の３種類しかない[5].　上司が部下の実際の勤務時間を知らない場合で，部下が上司からの評価を気にするとき，自発的に超過勤務を申請せず，建前上①の状態を作り出して自らの生産性が高いように見せれば，部下は自らの評価

を高めることができる．このように，自発的な超過勤務の不申請は部下個人に
とって合理的な行動でもある．また，上司が部下の超過勤務の自発的な不申請
を知っていたとしても，人事当局からの指導の可能性を低くできるため，上司
にとっても部下の超過勤務を黙認することは合理的な行動になる．また，人事
当局が仮に超過勤務が黙認されている状況を知っていても，実際に超過勤務申
請がない以上，「職員が正規の勤務時間終了後，任意に在庁していたとしても，
超過勤務手当の対象にならない」［日本人事行政研究所編 2011：292］との考えに従
えば超過勤務手当の予算を削減できるため，人事当局にとっても超過勤務を見
逃すことにはメリットがある．

　これらはかつてサイモンらが指摘した管理情報に関する論点を想起させる[6]．
同じ超過勤務の時間数という情報であっても立場によってとらえ方が変わると
いう用途の重層構造が存在しており，超過勤務の時間数が成績評点情報として
機能することで障害が生起しているのである．部下の仕事の割り振りについて
決定権をもつ上司にとって，部下の超過勤務の時間数は第一義的には自らが承
認した仕事の割り振りを見直すための情報である．他方で，部下にとって自ら
の超過勤務の時間数は与えられた仕事を能率的にこなせているか判断する情報
である．しかし，上司が部下の超過勤務の時間数をそのまま部下の仕事ぶりに
対する評価として認識する，あるいは上司がそう認識しているだろうと部下が
考えているとき，先に述べたような自発的な超過勤務の不申請という機能障害
が発生しやすいのである．

　また，人事当局にとっても各職員の超過勤務の時間数を正確に把握すること
は適切な人員配置を行ううえで必要不可欠な情報である．先に述べた個人とし
ての合理的な行動による誤った超過勤務時間に基づいた判断がなされ，実態に
沿わない不適切な人員配置が改善されなければ所属間での超過勤務の平準化は
進まず，特定の所属や個人の時間的負担は解消されない．「合成の誤謬（fallacy
of composition）[7]」ともいえるこの機能障害は，やがて組織全体のひずみを拡大さ
せていく．これに加えて，個々の職員の能力や突発的な事案などの要素が重な

ることで過重労働が発生し，さまざまなリスクが高まってしまうのである[8].

2）　集中改革プランとマクロ方式による職員減

　公共部門では上司は部下に自由に超過勤務を命じることはできない．国家公務員の場合，一般職の職員の勤務時間，休暇等に関する法律第13条第2項の規定により，臨時又は緊急の必要がある場合のみ超過勤務を命ずることができる．もちろん，部下が超過勤務の申請をせずに業務を行う，いわゆるサービス残業があれば上司は黙認することは許されず，何らかの対応をとって解消する義務もある．

　そもそも，公共部門の業務は「正規の勤務時間で処理し終わるようにその配分と定員管理が行われるもの」［勤務時間制度研究会編 2011：181］であり，「本来は定員でカバーすべきところを職員の不足から常時業務が繁忙になっているような場合──現象的には常態的超過勤務となってあらわれる──は，臨時の必要の範囲を超えるものであって，超過勤務を命じ得る理由には該当しないものと解すべき」［勤務時間制度研究会編 2011：189］とされている．ただし，「業務の量に応ずる定員が確保されていない場合に，それを理由に業務を停止することは，公務においては許されないところであるので，常態的に超過勤務を命じて対処している例が少なくないが，定員増の他，業務の処理方法や勤務時間の割り振り等の改善によって，速やかに是正する必要がある」［勤務時間制度研究会編 2011：189-190］とも考えられている．すなわち，業務量がマンパワーを超えていることを理由とした超過勤務は本来あってはならないのである．

　それでは超過勤務の時間数を正直に申請し，人事当局に必要な人員を要望すれば増員が実現し，長時間労働が解消するのかといえばそうではない．近年，自治体は国から厳しい定員削減を要請されていたからである[9].　小泉政権下の2005年3月，総務省は「地方公共団体における行政改革の推進のための新たな指針」を策定し，地方自治体に対して，2005年から2010年までの5年間で地方公務員全体の6.4％にあたる18万9000人の正規職員の削減を目的とする集中改

革プランの作成を求めた［総務省 2010］．地方公務員の総職員数の約3分の2を占める警察・消防・教育・福祉部門は国が定員の基準を決めているが，国は自治体に集中改革プランの対象期間でもこれらの部門の職員を増員するよう求めていた．しかし，集中改革プランにはこれらの部門も含まれていたため，自治体は残りの3分の1でこの削減目標を達成せざるを得なかった［西村 2018：8-9］．結果的には対象の5年間で約23万人の正規職員が減少したが［総務省 2018］，この点を踏まえれば，集中改革プランは自治体の行政職職員の超過勤務にも大きな影響を与えたと予想される.

また，正規職員の減員は集中改革プラン以前から存在する自治体の定員モデルの方式も影響しているかもしれない．第4章第3節（1）でも述べたとおり，自治体の定員モデルには，他の類似団体との比較によって当該団体の定員を算出する方法である他団体比較方式（マクロ方式）と，各部門の業務ごとに事務量を測定し，単位事務当たりの職員数を算出し，これを積み上げていく事務量算定方式（ミクロ方式）がある．このうちミクロ方式は事務量が膨大になり頻繁に実施することが困難であることなどから，自治体はマクロ方式を導入してきた［下條 1985：41］．また，当時の自治省も前者の定員モデルを策定し，1982年以降次々と自治体に通知した［西村 1994：225］．仮に本項1）で示した「報告されている超過勤務時間と実際の超過勤務時間に乖離がある」という状況が当時から多発していたのであれば，業務遂行に必要な人員が実際よりも少なく見積もられることで自治体の定員を引き下げ，その引き下がった定員が比較対象となることで地方公務員全体の定員を引き下げてきた可能性がある．

こうした慢性的な人手不足は本項1）で指摘した心理的要因にも影響を与えているかもしれない．すなわち，人手が増えないばかりかむしろ減っていく状況をよく理解できている職員であればあるほど，正直に時間外勤務を申請して面倒なことになるぐらいなら，サービス残業になっても少しぐらいなら時間外勤務を申請しない方が良いと考えるからである．こうして超過勤務時間の実態は建前と次第に乖離し，超過勤務の実態は見えなくなっていく．学校でのいじ

め問題において，いじめそのものを認知しないと対策ができないように，実態が見えなくなれば問題への対応そのものがなされないおそれもある.

3）　脆弱なチェック機能

これまで指摘した点は，いずれも行政内部の脆弱なチェック機能に起因する. まず，1）の「人事評価と心理的要因」については，各職場の役付職員，とくに所属長によるマネジメントが重要であるが，所属長がマネジメントのために割ける時間が十分に確保されているかは定かではない. とくに所属長は超過勤務手当の対象外であり，後述する教員の働き方改革がなかなか進まない現状も踏まえれば，所属長の労働時間や業務量，管理監督できる部下の数などについての調査や改善はこれまで不十分であった可能性が高い.

この点は古くから指摘されている. たとえば，行政学者の蠟山政道は現在から80年以上前に「行政の内部に属する人々すらその日常業務に追はれ，その責任を惹起する重荷の爲めに，行政機構を如何にして時代の要求に合致せしめるやうに改良すべきかに就いて思索する暇を有たなくなつた」[蠟山 1936：100]と述べている. また，元行政管理事務次官の山口酉も，行政機関では人間の能力を超えるほど回覧・配布文書が多量で，会議も頻繁に開かれているが，職員の勤務時間の状況はほとんど顧みられず，仕事の円滑な遂行にあたって大きな障害となっていると指摘している［山口 1964：69]. 働き方改革の実現のためには，所属長をはじめとしたマネジメントが求められる職員にプレイヤーとしての職務を持たせすぎて，マネージャーとしての職務がおろそかになっていないかどうかを確認することも重要である. 同時に，所属長にとって管理監督の実施が合理的な行為となるような方策，たとえば人事評価の在り方を再考する必要もあるだろう.

2）の「集中改革プランとマクロ方式による職員減」については業務量と人員についての関係強化が必要である. 先の山口は，1960（昭和35）年に出された第5次行政審議会の答申を引き合いに事務を離れて組織を論ずることの誤り

を指摘し，日本では従来事務管理と離れて組織管理が論ぜられる傾向があると述べている［山口 1964：88］．この点に関連して金井利之は，人員削減は生産性の向上が内包されている必要があるが内容は不明確で，実際は事務量やサービス水準を切り下げるだけの単なる数合わせになっている場合もあると指摘している［金井 2010：147］．

　いいかえれば日本では O&M（Organization and Method）[11] 活動が不十分だったと指摘できる．自発的かつ継続的に業務の効率化を実施し，そこから生まれた資源を新たな業務に割り振ることが組織の理想的な姿である．全体としてこうした自己改善の文化に乏しいと言わざるをえない日本では，自己改善を制度化し，継続してチェックすることで自己改善を定着させていく必要がある．たとえば，O&M をはじめとした自己改善の伝統をもつイギリスでも，定員管理に関連して「要員監察（Staff Inspection）」という制度があった．要員監察とは，各省に要員監察官（Staff Inspector）を置き，職員の人員配置，職の等級づけ，組織構造の効率性，業務の能率的遂行などについて監察を実施する制度である．この制度によって，行政管理省の要員監察官は全省を通ずる基準の作成，各省の要員監察に関する一般的監督，各省要員監察官の研修などを行うとともに，必要に応じて各省の要員監察官と協同し，自ら各省に立ち入って監査を実施することも可能となっていた［増島 1981：132-133］．他方で，日本ではルールを作るのみに終始し，作ったルールをいかに守らせるかという視点に欠けていた．次節ではこの点について確認していく．

＋ 2．長時間労働をめぐる議論

（1）健康面への配慮および過労死の防止

　民間部門であれ公共部門であれ，職員の労働時間を管理する主体は使用者であり，長時間労働の是正は使用者の責任・義務である．では，長時間労働はなぜ是正すべきなのか．その根源的な理由は労働者の健康面，とくに過労死の防

止にある．民間部門では労働基準法第32条により，使用者は原則として1日に8時間，1週間に40時間を超えて労働者に労働をさせてはならない．この基準を超える時間外労働をさせるためには，労働基準法36条により労働者の過半数で組織する労働組合か労働者の過半数を代表する者との労使協定（以下，「36協定」と略）を定める必要がある．

　過労死の労災認定については，2001年12月に厚生労働省が公表した「脳血管疾患及び虚血性心疾患等（負傷に起因するものを除く）の認定基準について」において，異常な出来事への遭遇，短期間の過重業務への従事，長期間の過重業務への従事の3点が示されている．とくに長期間の過重業務については医学面からの検討を踏まえて次のように定義され，現在でも長期間労働に起因する過労死の判断基準となっている［厚生労働省 2001］．

・発症前1カ月間ないし6カ月間にわたって，1カ月当たり（中略）おおむね45時間を超えて時間外労働時間が長くなるほど，業務と発症との関連性が徐々に強まると評価できること
・発症前1カ月間におおむね100時間又は発症前2カ月間ないし6カ月間にわたって，1カ月当たりおおむね80時間を超える時間外労働が認められる場合は，業務と発症との関連性が強いと評価できること

　この基準を踏まえ，2002年2月に厚生労働省は「過重労働による健康障害防止のための総合対策」を発表した．ここでは過重労働による健康障害を防止するため，事業者は時間外労働の削減（月45時間以下となるよう適切な労働時間管理の実施），年次有給休暇の取得促進，健康診断の実施等の徹底，産業医等による[12]助言指導等を講ずべきことが明記されている［厚生労働省 2002］．しかし，厚生労働省の資料によれば1993年から2017年の25年間で所定内労働時間は長期的に減少傾向にある反面，時間外労働は大きな変化は見られず［厚生労働省 2018b：2］，労災認定された脳・心臓疾患を原因とした死亡者は2016年度，2017年度でもそれぞれ年間で100名前後にものぼるなど［厚生労働省 2018b：42-43］，上記の

規制が機能しているとはいいがたい.

　今回の働き方改革関連法では「時間外労働の上限について原則として月45時間，年360時間（罰則規定あり）」「年次有給休暇の確実な取得（毎年5日，時季指定）」などが明記された. このような基準が示されたものの，「目安時間までなら超過勤務をさせても良いということではない」[日本人事行政研究所編 2012：135]ため，可能な限り超過勤務は縮減すべきである. また，この働き方改革関連法の成立に合わせて，厚生労働省は超過勤務の原則の上限である月45時間を超えて勤務させる場合に企業に健康対策を義務付け，政府は過労死防止等対策大綱の改定を2018年7月に閣議決定している. しかし，これらは形式的・手続的な規制強化の範囲内であり，いかに守らせるかについての議論は見られず，実効性については不安が残る.

（2）公共部門におけるこれまでの超過勤務規制

　地方公務員の勤務条件は地方公務員法第24条第4項で規定されている「均衡の原則」により，国家公務員の勤務条件に大きく影響される. このため，まず国家公務員の超過勤務の規制について簡単に確認する.

　国家公務員の超過勤務はこれまでから再三にわたって縮減が求められてきた. 人事院勧告の「報告」では，1987年以降からとくに過重な長時間の超過勤務の縮減についての言及が見られる. 人事院は1991年3月に「超過勤務に関する指針」を定め，長時間の超過勤務が職員の健康等に与える影響を考慮し，各府省に対して超過勤務の適正な運用および縮減を求めた. 1999年1月には民間部門における超過勤務の上限設定などを受け，この指針を改訂し，各府省に対して「超過勤務の上限の目安時間の提示（原則年360時間）」「他律的な業務の比重が高い部署は業務の合理化等による最大限の縮減努力の実施」「人事担当部局等への報告・チェックによる必要以上の長時間の超過勤務の防止努力」「職員の疲労蓄積防止のための早出・遅出勤務の活用努力」「管理者による職員の超過勤務の状況および健康状態の常時把握努力」を求めた[人事院 1999]. しかし，そ

の後も各府省で長時間の超過勤務が行われている実態を受け，2009年に再度指針を改訂し，他律的な業務の比重が高い部署についても超過勤務の上限の目安として年720時間という具体的な時間を提示した［人事院 2009］.

　それにもかかわらず，公共部門においても中央府省・自治体を問わず，現在でも健康面に影響が出るほどの長時間労働が行われている．国家公務員では，2016年の1年間において全府省平均で22.9％の職員が360時間を，他律的業務の多い本府省では46.3％の職員が360時間を，7.9％の職員が720時間を超えて勤務している．地方公務員では，2015（平成27）年度で月60時間を超えた職員が2.8％，過労死の危険ラインである月80時間を超えた職員が1.1％いる［総務省 2017b：1］．しかも，これらはあくまでも建前の時間数であり，本章第1節（2）の1）で指摘した自発的な超過勤務の不申請の可能性を考慮すれば，実際の労働時間はさらに長いと推察される．

（3）最近の超過勤務規制の動向

　このような状況のなか，2017年1月に「労働時間の適正な把握のために使用者が講ずべき措置に関するガイドライン」が公表され，使用者に対し，労働者の労働時間を適正に把握するため，労働日ごとの始業・終業時刻を確認および記録することが求められた．その方法は，原則として「使用者が自ら現認すること」「タイムカード，IC カード，パソコンの使用時間の記録等の客観的な記録を基礎とすること」のいずれかとされている．自己申告制により労働時間の把握を行わざるをえない場合，使用者は次の3点を遵守すること，また事業場において労務管理を行う部署の責任者は，当該事業場内における労働時間の適正な把握等，労働時間管理の適正化に関する事項を管理し，労働時間管理上の問題点の把握および解消を図ることが求められている［厚生労働省 2017］.

　　① 自己申告を行う労働者や労働時間を管理する者に対して，自己申告制の適正な運用等，ガイドラインに基づく措置等について十分な説明を

　行うこと.

②　自己申告により把握した労働時間と，入退場記録やパソコンの使用時
　　間等から把握した在社時間とのあいだに著しい乖離がある場合には実
　　態調査を実施し，所要の労働時間の補正をすること.

③　使用者は労働者が自己申告できる時間数の上限を設ける等，適正な自
　　己申告を阻害する措置を設けてはならないこと. さらに36協定により
　　延長できる時間数を超えて労働しているにもかかわらず，記録上これ
　　を守っているようにすることが労働者等において慣習的に行われてい
　　ないか確認すること.

　そして，2018（平成30）年の人事院勧告において，人事院は長時間労働の是
正に関し，民間部門で時間外労働の上限が定められ2019年4月から施行される
ことや，公務においても職員の健康時間や人材確保等の観点から超過勤務の縮
減に取り組んでいく必要があることを理由に，これまで目安として示してきた
年間の超過勤務の時間数について，人事院規則で上限を定めることを明言した.
具体的には原則1か月で45時間かつ1年で360時間，他律的な業務の比重の高
い部署に勤務する職員に対しては1か月で100時間かつ1年で720時間である.
この上限時間を超えた場合には，各省各庁の長は超過勤務を命ずることが公務
の運営上真にやむを得なかったのかについての事後検証も実施するよう明記さ
れている［人事院 2018：79-80］.

　今回の上限規制等はこれまでの取り組みから一歩踏み込んだもので一定の効
果が出ることが期待されるが，これらも使用者のみに対する義務付けであり，
実効性の担保という点で課題がある. 本章第1節（2）の1）で確認した状況に
鑑みれば，自己申告の労働時間と客観的な在社時間が乖離していても放置され
る，持ち帰り残業が増加するだけで実質的な改善につながらない，上限時間を
超えた場合の事後的な検証も形式的な数合わせになるなどが予想される. 規制
の有効性をより高めるためには，上記ガイドラインが守られているかどうかに

加え，一定時間を超えた職員や所属に対する改善策の義務付け，数年間にわたって改善されない所属や職員についての説明，使用者による事後的な検証の妥当性などについて，第三者からのチェックが必要であろう．

（4）学校現場の働き方改革

　これまで繰り返し言及しているように，人事当局からチェックを受ける職員であるマネジメントが必要な職員自身が部下の労働時間等について十分に対応できる状態であるかどうかは不透明である．マネジメントが必要な職員は超過勤務手当の対象外であり，具体的な業務量の実態はこれまでほとんど把握されてこなかったからである．働き方改革を進めるにあたっては，マネジメントが必要な職員の業務量の適正化を先行して実施する必要がある．本項では公共部門の働き方改革の先行事例として，こうした職員と似た環境にあり，また社会的関心も高い学校現場の長時間労働の解消についての最近の動きを簡単に触れておく．

　2015年7月に，文部科学省は「学校現場における業務改善のためのガイドライン」を公表した．このガイドラインでは，教員が子供と向き合える時間の確保などを目的に，業務改善の基本的な考え方と改善の方向性として，校長のリーダーシップによる学校の組織的マネジメント，教員と事務職員等の役割分担など組織としての学校づくり，校務の効率化・情報化による仕事のしやすい環境づくり，地域との協働の推進による学校を応援・支援する体制づくり，教育委員会による率先した学校サポートの体制づくりの5つの観点が示されている［文部科学省 2015］[14]．また，2016年6月に文部科学省から発表された「学校現場における業務の適正化に向けて」では，教員の担うべき業務に専念できる環境確保，部活動の負担の大幅軽減，長時間労働という働き方の改善，国・教育委員会の支援体制の強化の4つの改善方策が提案された．ここでも長時間労働の改善による子供と向き合う時間の確保がその目的にあげられている［文部科学省 2016］．

　2017年8月には，中央教育審議会初等中等教育分科会の学校における働き方改革特別部会が「学校における働き方改革に係る緊急提言」を発表した．この提言では，教職員には看過できない長時間勤務の実態があり，長時間勤務の解消を必ず実現するという強い意識をもって，校長および教育委員会は学校において「勤務時間」を意識した働き方を進めること，すべての教育関係者が学校・教職員の業務改善の取組を強く推進していくこと，国として持続可能な勤務環境整備のための支援を充実させることの3点について，中央府省や地方自治体，さらには家庭，地域等を含めたすべての関係者が各々の立場から取組を実行し，教職員が取組の効果を確実に実感できるようにすることが示されている[15]．

　このわずか4か月後の2017年12月には，「学校における働き方改革に関する緊急対策」が発表された．この対策では，文部科学省が中心的に実施していく内容として，学校・教師の業務の役割分担・適正化を着実に実行するための方策，学校が作成する計画をはじめとした組織運営に関する見直し，勤務時間に関する意識改革と時間外勤務の抑制のための必要な措置，「学校における働き方改革」の実現に向けた環境整備の4つがあげられている［文部科学省 2017］．

　このように，学校現場の働き方改革についてはここ数年で立て続けに通知などが公表されており，学校現場の長時間労働の問題の深刻さや緊急度が推察される．これらの通知等からは，教員に役割を持たせすぎていたこと，その背景には教員が超過勤務手当の対象外であるため，業務量の実態が十分に把握されてこなかったことが存在する．また，通知等での指摘や改善事項は働き方改革に際して解消すべき課題として一般的な職場でも共通する事柄である．他方で，いずれの通知などにおいても指摘や改善事項を推進したり守らせたりするための具体的な方策については言及されていない．したがって，結局は掛け声だけで形式的な実績を積み上げるにすぎず，実質的にはほとんど改善されないおそれがある．

表 5 - 1　　行政統制（行政責任）の構図

	制度的統制	非制度的統制
外在的統制	• 議会による統制 • 執政機関による統制 • 裁判所による統制	• 諮問機関における要望・期待・批判 • 聴聞手続における要望・期待・批判 • 情報開示請求による統制 • その他対象集団・利害関係人の事実上の 　圧力・抵抗行動 • 専門家集団の評価・批判 • 職員組合との交渉 • マス・メディアによる報道
内在的統制	• 会計検査院・人事院その他の 　官房系統組織による管理統制 • 各省大臣による執行管理 • 上司による職務命令	• 職員組合の要望・期待・批判 • 同僚職員の評価・批判

出典：西尾［2001：384］.

＋ 3．働き方改革を実現するための制度

（1）働き方改革をめぐる行政統制とアカウンタビリティ

　これまで述べてきた働き方改革をめぐる諸課題を解決するための方策は，上限時間の引き下げをはじめとした形式的・手続的強化の方向のものばかりで，定められたルールなどをいかに守らせるかという実質的な方向のものはほとんど見られなかった．この「いかに守らせるか」という視点は行政統制の議論になる．

　行政統制とは，実際の活動が予定を外れたことが直ちに判明するような検査手段を設けて必要な是正措置をとることである［中塩 1970：154-155］．表 5 - 1 は行政統制の種類と手段をまとめたものである．公共部門が担う業務は大きく分けて 4 方向から統制を受けることになるが，働き方改革を含む人事行政は非制度的統制が機能しにくい特徴がある．たとえば，統制の前提条件の 1 つに「統制側が被統制側よりも情報量が同じか多いこと」があるが，すでに指摘したように個々の職員の勤務時間は実態を正確に反映しているか不明瞭で，職員

の超過勤務時間についての情報開示請求は意味をなさない．また，対象集団・利害関係人は職員であって管理職員と上司・部下の関係にあり対等ではないため，職員組合や同僚職員からの要望も機能しにくい．加えて，職員の勤務状況は市民に直接的な実害を与えないためマスメディアの話題にもなりにくい．したがって制度的統制を機能させることが必要である．

　この制度的統制を機能させて働き方改革に実効性を持たせるためにはアカウンタビリティの視点が重要である．アカウンタビリティとは単なる説明責任ではなく，外部から明確な基準・法令・規則に従うことを，制裁を背景に強制する責任概念である［山谷 2008a：247］．時間外勤務をめぐる日本の労働規制は基準となる数値の設定や引き下げばかりが行われ，外部性や制裁という視点からの規制が弱かったと指摘することができる．

　では，どのようにアカウンタビリティを確保するのか．第2章第1節（1）の表2-1のとおりアカウンタビリティにはさまざまなタイプがあり，それぞれに応じた確保の方法が存在する．働き方改革を公共部門で実行する場合，求められるアカウンタビリティは3，4，6，7になる．3や4では，法令で決められた超過勤務時間を守っているか，超過勤務縮減のための手続きが遵守されているか，申請された超過勤務が実態と合っているかをチェックする．6では，形式的ではなく実質的な内容をともなった業務改善が継続的に行われているか，職員個人や所属への業務の割り振り，現状の組織体制が適切かについて，生産性を含めた効率（能率）の視点からチェックする．7では，働き方改革の目的が明確に整理・提示されているか，それを達成するための手段が適切に選択されているか，また働き方改革の目的自体が社会の要請と合致しているかについてチェックする．これらのチェックに際して，外部から制裁を背景に強制することが必要なのである．

　日本における長時間労働をめぐるアカウンタビリティの実施例としては，本章第1節（2）の1）の冒頭で触れた一定以上の超過勤務については人事当局に事前報告・承認を必要とすることが該当する．これは3や4の一種であるが，

時間外勤務の解消にはつながらなかった．働き方改革に実効性を持たせるためには，これまで弱かった外部性や制裁という視点や，6や7のアカウンタビリティの追及が必要なのである[16]．

（2）統制の主体——人事委員会の役割と権限強化——

それでは，誰がどのようにこのアカウンタビリティを追及すべきなのか．まずは首長以下から所属長，また係長も含めた管理監督すべき職員である．管理監督すべき職員が法令などを遵守して，勤務時間の管理や長時間労働の是正に取り組む必要がある[17]．もちろん，行政統制にはそれ自体をチェックする人員や手間がかかり，本来業務を圧迫するおそれもある．この現象は「アカウンタビリティのジレンマ」[山谷 2006：11] と呼ばれ，「統制はそのための機構を必要とするという意味で非能率であるだけでなく，自己改善への意欲を殺ぐという意味でも非能率である」[伊藤 1976：62] と考えられている．しかし，本章第1節（2）の1）で指摘した人事評価と心理的要因の観点を踏まえれば，当事者に任せるだけでは機能しない．人事行政におけるアカウンタビリティ確保のためには，外部から制裁を背景に任命権者から独立した第三者からのメタチェックが必要なのである[18]．

行政職職員の場合，この役割は地方公務員法第58条第5項により，都道府県および政令指定都市（以下，「都道府県など」と略）においては人事委員会が担う．人事行政は公務を運営してゆく「基盤行政」[辻 1991：2] であることから，人事行政の適正な実施を厳格に確保するため，地方公務員法第6条は都道府県などに2つの人事機関を並立させている．すなわち，職員の人事についての直接的な権限と責任をもっている任命権者と，専門的・中立的機関としてこの任命権者の人事権の行使をチェックし，より適正な人事行政が行われることを使命とする人事委員会である [橋本（勇）2016：92]．人事委員会は大きく3つの権限，すなわち① 準司法的権限，② 準立法的権限，③ 行政権限を有しており，働き方改革との関連では①は勤務条件に関する措置要求の審査や不利益処分につい

ての審査請求の審査，②は法律又は条例に基づく人事委員会規則の制定，③は給与，勤務時間その他の勤務条件等に関する調査研究や労働基準監督機関としての職権の行使や職員団体の登録が該当する．また，人事委員会は人事行政に関する事項についてのさまざまな勧告権ももっており，勧告を受けた議会および長は勧告内容への対応について人事委員会に説明する責任を負っている［橋本（勇）2016：219］．これらの権限はまさにアカウンタビリティを確保するためのものといえる．

　働き方改革をめぐって，人事委員会はアカウンタビリティを追及する機関としてなぜ適切なのか．その理由として，１つめに法令のアカウンタビリティや行政運営のアカウンタビリティがあげられる．これらを確保する手段の１つに行政監察があるが，その特色は①専門機関が第三者的立場から実施すること，②監察の調査対象範囲が広く，行政の全般的改善を推進していること，③実証的資料に基づいて勧告を行うこと，④総合調整的機能を有することの４つがあげられる［行政管理庁編 1984：91］．①について，人事行政の専門的・中立的機関である人事委員会は各部局内の人間関係と離れた第三者の立場から実施することができる．②と④については，人事委員会は任命権者を超えて当該自治体内全体を調査でき，見受けられた課題を踏まえた改善策を広く当該自治体内に周知して基準の統一を図ることもできる．③については，人事委員会は行政外部の機関とは異なり，客観的なデータによる把握や指示ができ，人事情報として外部に出しにくい個々の職員の実際の勤務時間についての改善指示も可能である．たとえば京都府人事委員会や京都市人事委員会は2018（平成30）年の人事院勧告を受け，同年の人事委員会勧告で労働時間を客観的に把握するよう明記している［京都府人事委員会 2018b；京都市人事委員会 2018］．また，大阪市人事委員会は勤務終了時間と退勤打刻時間との乖離状況をすでに調査している［大阪市人事委員会 2018］．

　２つめにマネジメントのアカウンタビリティである．このアカウンタビリティの確保の手段は管理評価（Management Review）であるが，管理評価の目的は

現状の組織態勢が政策の目的に適合しているか，政策の効果を十分に出すことができるかどうかを念頭に，管理効率の促進を含めた行政管理について，その評価と改善を実施することにある［西尾 1976b：1-3；加藤・加藤・佐藤ほか 1985：59-60；山谷 2012a：46；53］．働き方改革における管理評価では，具体的には生産性を向上させるための内容のある方針が定められ，この方針に基づいた具体的な取組が実施されているか，また人員の増減について根拠となるデータが存在し，増減の論理が妥当かどうかのチェックが必要となる．この管理評価を1972年に導入したイギリスでは，「事業の成果をあげること，そのために組織ないし監督を強めることには熱心であったけれども，そのための作業がすすんで投入の検討と結びつき，資源配分のうえで不利な結果が生ずることにはきわめて警戒的であった」［伊藤 1976：68］という現象が見られた．任命権者の人事当局が管理評価を実施する場合，被評価者は財政当局の動きをおそれる可能性があるが，人事委員会が第三者の立場で意見を述べればこの懸念は実際には起こりにくい．また，管理評価を担当する部署の職員は所属する部署の長に忠誠義務を負う一方で，実際の作業の際には対象部署の利益を代表するものでなければ対象部署の協力を得られず，効果が小さくなるという「責任の二重性（dual accountability）」［伊藤 1976：68］に悩まされていた．任命権者の人事当局の担当職員が増員を求めることが多い対象部署から協力を得るためには，自らの使命である減員を検討できないという悩みである．しかし，職員を保護する立場が明確である人事委員会であれば，こうした悩みを抱えることはない．

　3つめに政策のアカウンタビリティである．働き方改革を政策論としてとらえるのであれば，政策の有効性や政策目的の達成度を政策評価やプログラム評価によってチェックすることになる．たとえば，京都市では市の基本計画である「はばたけ未来へ！　京（みやこ）プラン」の政策（重点戦略）の1つとして，「仕事と家庭，社会貢献が調和できる『真のワーク・ライフ・バランス戦略』」を掲げ，重点施策として「働き方改革に向けた環境整備の推進」をあげ［京都市 2016］，地域特性を考慮した現状分析・調査も行っている．[19]「坊主の不信心」とならな

いよう，行政機関でも政策のアカウンタビリティを確保する場合は，政策問題が抱える複雑性や悪構造の特性にも注意を払いつつ［秋吉 2010：5-7；64-65］，丁寧な合意形成や職員参加が求められる．その際には内部事情に縛られない事業者そのものではない機関からの追及が必要だが，この役割を担える組織をあげるならば人事委員会になる．

（3）人事行政の緊張関係

　このように，行政統制，とくにアカウンタビリティの視点から人事委員会の役割は重要である．働き方改革の実現のためには任命権者のレスポンシビリティ任せになっている実態を改善し，人事委員会の権限を強化して人事行政における行政内部の均衡のとれた緊張関係を構築すべきであろう．たとえば，人事委員会が有する職員の勤務条件に関する措置要求の審査権限は，職員が措置要求を行ってはじめて行使できる受動的なものである．長時間労働が是正されなかった理由の1つに，この措置要求のハードルが職員にとって高いものであることが推察される．したがって，任命権者に対する何らかの制裁権，たとえば昇任選考の際に当該職員のマネジメントの状況を観点の1つとすることなどを人事委員会に付与したうえで，各職場の実態把握や本章第2節（4）で取り上げた文部科学省が求める取組みをはじめとした各任命権での取組の実施状況について，人事委員会が能動的かつ積極的に調査し，改善勧告を行うようになれば，真の働き方改革の実現にむけて前進する．実際に京都府人事委員会は，実地調査において課題が大きかった6つの所属について再調査を実施して改善状況を確認しており，未改善の所属については再々調査を実施して再度改善状況を確認するなど，改善が確認されるまで粘り強く行動している［京都府人事委員会 2018a：4］．

　また，地方公務員法第8条の11の規定により，人事委員会には職員の苦情処理の権限が与えられているが，この職員の苦情処理の権限を強化し，職員からの苦情受付窓口を設けたり，人事当局と労働組合との交渉の記録を提出させた

りするなどの方法で人事行政上の課題についての積極的な情報収集を可能とする権限が法律上明文化されれば，長時間労働の未然防止に効果を発揮するだろう．実際に宮城県人事委員会は市町村などの職員も含めて勤務状況について職員から直接相談できる制度を設けており，相談者の了解を得たうえで必要に応じて任命権者などに対して調査を実施し，関係当事者に対する指導なども行っている[20]．真の働き方改革の実現のためには，このような各人事委員会の自主的な取組に任せるにとどまらず，人事委員会の権限を法律上も強化し，明確な権限と責任，そして任命権者などへの制裁権を与え，実質的改善を担保させることが重要である．

　こうしたなかでマネジメント能力に欠ける職員を多数抱える任命権者が見受けられれば，同法第39条の4に定められている研修の勧告権限に基づき，人事委員会がマネジメント能力を涵養する研修の実施について任命権者に勧告すれば先と同様に長時間労働の未然防止について効果を与えることができる．さらに人事評価への積極的な関与も方策の1つである．地方公務員法第23条の4の規定により，人事委員会は人事評価の実施に関して任命権者に勧告できる権限をもっているが，たとえば係長以上の評価項目に勤務時間も含めた部下のマネジメントを加えることを任命権者に勧告したり，人事評価の研究のために各任命権で実施している人事評価の内容を人事委員会に報告させたりすれば，マネジメントを行う必要のある職員に一定の緊張感を与えることができる．

　財政難に苦しむ自治体は多いため，今回の働き方改革が誤った形で受容・導入されれば，「ジタハラ（時短ハラスメント）」やサービス残業が蔓延するおそれもある．働き方改革を人事当局に任せるだけではなく，長時間労働を未然に防ぐための策を検討・実施することも，任命権者の人事権をチェックし，より適正な人事行政が行われることを使命とする人事委員会の役割である．人事行政においてアカウンタビリティを確保するためには，チェックする主体としての人事委員会の役割を明確にするとともに，人事委員会の権限を強化して実効性を高めることが重要である．また，人事委員会の役割の明確化と権限の強化は

任命権者の適切な人事行政への支援にもつながっていく[21)]．人事委員会が強化された権限を実際に行使しなくとも，大きな権限の存在自体が任命権者に対して適切な人事行政の実施を促すことにもなるからである．

十 お わ り に

　以上では，公務員のうち都道府県などの行政職職員を念頭に置き，アカウンタビリティの視点から地方自治体における働き方改革について考察した．現在の公務員の職場環境は長時間労働を見逃すメリットが大きい状況にある一方で，これまでは形式的・手続的な規制が多かった．規制の実効性を担保するためには，行政統制，とくにアカウンタビリティの視点から任命権者内部でだけではなく第三者からのチェックも必要であることを示した．そのうえで，このチェックの主体として人事委員会が果たすべき役割を再認識し，人事委員会の権限強化が必要である点を指摘した．

　「人間性を回復しようという主体的かつ建設的な営みが，今日むしろ管理の中心的課題となりつつある」［西尾 1991：58］現在において，長時間労働による健康被害や過労死はたとえ 1 件でもあってはならない．中央府省・自治体を問わず財政難からコスト削減が叫ばれて久しいが，事業コストのうち最も大きい比率を占めるのは人件費であることが多い．しかし，人件費に直結する職員の労働時間の把握や管理があいまいであり，業務改善のシステムが適切に作動していないなど，日本の人事行政や労務管理には不十分な点が多く構造的な欠陥も見られる．

　この例としては職階制があげられる．職階制は科学的人事行政の申し子として戦後アメリカから持ち込まれたが，日本では古くから形骸化し，最終的には放棄したため，給与は職務ではなく職員個人に付随している．したがって，事業単位でのフルコストを算出して評価を実施するとき，担当の職員が人事異動によって給与の高い職員に変わっただけでも当該事業のコストは増大する．し

かし，稲継裕昭によれば日本ではむしろこのあいまいな職務区分が全体としての効率性を生んできた［稲継 1996：94］．こうした背景を無視し，事務事業評価における人件費の欄の設定や，トップダウンでの職員削減によって効率化を図る試みは，実質的内容をともなわずに形骸化することは明らかであろう．

　さらに，今回の働き方改革は国が主導しており，雇用者の都合の良いものにならないか注意が必要である．「政治的要素は制度改革の底に横たわる理論的前提の中にさえ忍び込む」［西尾 1991：62］，また「統制制度設置自体にも政治的背景が当然あり，制度内容もこれに制約される可能性」があり，「制度運営過程で政治経済社会の影響力が働く」［今川 1993：226］と指摘されている．職員のためのものである働き方改革は本来ボトムアップで進めていくべきであるため，改革に対する政治や経済からの影響がないか十分に検討する必要があろう．本章で人事委員会の役割と権限強化を繰り返し強調したことはこの点にもに関連している．本章で述べた人事委員会の役割と権限強化に際しては，現場レベルの一般職員の意見や実態を正確に把握・反映しなければ，「効率」の形骸化が進む一方で真の働き方改革は実現されないからである．

　今回の働き方改革では働く人の視点に立つことも強調されている．しかし，現状ではたとえば残業が多すぎることを理由に教職をあきらめる学生も出てきている［内田 2019］．教育分野に限らず，よりよい政策を実施するためにはよい人材を確保することが重要である．自治体は，公務員が学生をはじめとした市民にとって魅力ある職であるよう，また現に在職する職員が気持ちよく職務をこなせるよう労働環境の改善を図るだけでなく，広報活動を通じて地方公務員の働き方や勤務状況の実態について，住民への情報提供や問題提起も行っていくべきである．

　この働き方改革を単に1つの規制ととらえ，形式的な手続きに終始して本質的な問題の解決を先延ばしにし，統制による行政コストをさらに増やしていくのか，あるいはこれを契機に働き方に対する職員の責任感をさらに高め，職員自身が内容のある生産性の改善に自発的に取り組み，個々の職員の状況に応じ

たワーク・ライフ・バランスを積極的に実現していくことを通じて，より良い政策の立案や実施につなげていくのか．働き方改革は自治体の統治能力が試されているのである．

　では，今回の働き方改革ををを含めた理想の職員のあり方を実現するため，行政全体を管理する部署は実際に個々の職員にどのように働きかけるべきなのだろうか．次章ではその重要な手段の1つである人事評価について見てゆく．

注
1）　首相官邸［2018］「働き方改革の実現」を参照.
2）　内閣府男女共同参画局［2017］の本編Ⅰ第3章　第4図　共働き等世帯数の推移を参照．なお，具体的には共働き世帯が1129万世帯，専業主婦の世帯が664万世帯である．
3）　なお，この数字は対前年度で12万人，1.9％増である．
4）　そもそも時間外勤務は上司から部下に命じるものであるが，実際は上司が部下の仕事のすべてを把握できないことから，部下から上司に事前に内容と時間数を申告して許可を得，その後実際に勤務した時間数を申請する場合が多い．しかし，実態はこれもできていない場合が多い．詳細は本章第1節(2)の3)を参照.
5）　評価における能率と効率の混同とその明確な概念定義の必要性については第1章を参照．なお，西尾勝は，能率性が実用的な基準となりうるためには常に相対比較が必要であり，サイモンの指摘を引用して，現実的には分母である投入を一定にすることが必要であると述べている［Simon 1957：179；西尾 1976a：187-89］.
6）　サイモンは管理情報を① 自分は仕事を上手にこなしているかという疑問に答える『成績評点』情報，② 自分はどのような問題について検討すべきなのかという疑問に答える『注意喚起』情報，③ いくつかの方法のなかでどれが最良かという疑問に答える『問題解決』情報の3つに区分した［Simon, Kozmetsky, and Guetzkow et al. 1968；西尾 1976a：208］.
7）「合成の誤謬（fallacy of composition）」とは，個人の単位では良いと思われる行動でも，それが集団全体で行われたとき，集団単位では悪い結果が生じることを指す経済学の用語である．
8）　厚生労働省による調査では，労働時間の把握が正確なほど超過勤務が少なく，年次休暇の取得が多く，労働者のメンタルヘルスの状況も良好という結果もある［吉武 2018］.
9）　定員削減に関する国による地方自治体へのこれまでの働きかけの経緯については，

たとえば藤井［2018］を参照.

10)　実際には削減された正規職員を臨時・非常勤職員で補填した地方自治体が多い. 詳細は第 4 章第 2 節を参照.

11)　O&M については第 3 章第 1 節（2）を参照.

12)　健康診断に関しては，2006年 4 月から施行された改正労働安全衛生法によって，すべての事業場において長時間労働者への医師による面接指導の実施等が求められた.

13)　人事院［2017］第 1 編第 3 部第 5 章第 1 節 1 「超過勤務・年次休暇の使用の状況」を参照.

14)　なお，本ガイドラインは2014年11月に実施された学校現場の業務実態調査に基づいている.

15)　中央教育審議会初等中等教育分科会学校における働き方改革特別部会［2017a］を参照.

16)　これは政策評価における山谷の指摘に倣った. 詳しくは山谷［2017：192-94］を参照.

17)　こうした内部統制制度については，地方自治法等の改正により2020年 4 月 1 日から都道府県・政令指定都市に導入が義務づけられている（地方自治法等の一部を改正する法律（平成29年法律第54号），総務省［2017f］参照）. 具体的には，首長は内部統制に関する方針を定め，これに基づき必要な体制を整備するとともに，方針を策定した長は，毎会計年度，内部統制評価報告書を作成し，議会に提出しなければならない. そのなかの項目で，内部統制の目的として業務の効率的かつ効果的な遂行や，業務に関わる法令等の遵守をあげており［地方公共団体における内部統制・監査に関する研究会2018］，これは働き方改革に関する制度的統制の強化ととらえることもできる.

18)　政策評価のメタ評価システムをめぐる議論については山谷［2014］を参照.

19)　京都市「働き方改革」推進プロジェクトチーム［2018］を参照.

20)　中央教育審議会初等中等教育分科会学校における働き方改革特別部会［2017b：3］を参照.

21)　管理評価の前提として業績測定が適切に行われることが提唱されているが，この管理評価が政策評価の基盤を形成することになる［西尾 1976b：2；加藤・加藤・佐藤ほか 1985：59；山谷 2012a：47］. したがって，各職員の超過勤務の時間数の正確な把握は人事管理，組織管理にとって重要な情報であるばかりか，政策の良し悪しにもつながっていく.

第6章 自治体における人事評価と行政責任

╋ は じ め に

　自治体における人事評価は，2016年4月に施行された「地方公務員法及び地方独立行政法人法の一部を改正する法律」によって実施が義務付けられた．また，同法によって人事評価の結果は人事管理の基礎として活用することが明記され（地方公務員法第23条第2項），評価結果を給与等へ活用しないことは違法となることも指摘されている［人事評価の活用に関する研究会 2019］．人事行政は「一切の行政の土台である」［辻 1991：2］と表現されるが，人事行政を左右する点からも人事評価の適切な実施は重要である．他方で，実際に人事評価を運用するにあたっての課題は少なくなく，とくに被評価側の不満はいまだに解消されていない．そこで本章では，地方自治体の人事評価，とくに自治体の中核を担う行政職員に焦点をあて，人事評価の納得性，客観性，公平性の観点での課題と改善の方向性を示したうえで，現代の自治体は人事評価を通じていかなる責任が求められるか，また責任をどのように担保すべきかについて見ていく．

╋ 1．人事評価制度の導入と変わらない職員の不満

（1）自治体への人事評価制度の導入目的と概要
　自治体における人事評価の実施は2016年度から法律で義務付けられた．人事

評価制度の導入以前は勤務評定が実施されていた．勤務評定では評価項目が不明瞭であらかじめ明示されない，上司からの一方的な評価のみで評価結果が部下に知らされない，人事管理への活用が十分でないなどの問題点が指摘されていた［人事評価研究会 2000］．近年，地方分権の進展によって自治体の役割は増大し，住民ニーズが高度化・多様化する一方で，厳しい財政状況などによって職員数は減少している．このなかで一人ひとりの職員が困難な課題を解決する能力を養い，高い業績を挙げることがこれまで以上に求められている．

　こうした背景をふまえ，「能力・実績に基づく人事管理の徹底」と「組織全体の士気高揚，公務能率の向上」を目的として人事評価制度は導入された［総務省 2014：1］．人事評価は従来の勤務評定と同様，職員の執務の状況を把握・記録する性格を持つが，勤務評定と比較して能力・実績主義の徹底，人事の公平性・公正性の担保，人事行政の客観性・透明性の向上，人材育成との連携などの役割がより明確なものと位置付けられている［地方公共団体における人事評価の活用等に関する研究会 2009：4］．

　人事評価には「能力評価」と「業績評価」の2つが含まれる．2001年に閣議決定された「公務員制度改革大綱」によれば，「能力評価」とは職員の主体的な能力発揮・能力開発を促すため，職務遂行能力の発揮度を能力基準に照らして評価することとされている．他方，「業績評価」については，職員が組織目標を明確に意識して主体的に業務を遂行することを促すため，目標管理の手法を用いて業績を評価することとされている．人事当局は，能力評価を職員の基本給の加算部分決定の勘案する際の要素としている．また，業績評価は等級への格付けおよび任免の際の重要な参考資料として活用することを求めている．

　人事評価には「選別の論理」と「育成の論理」という2つの側面があると言われる［稲継 2013：42-43］．「選別の論理」は評価結果を昇級・昇格や勤勉手当に反映させ，職員の勤務インセンティブ（動機付け）を与え人件費を効率的に配分することである．他方，「育成の論理」は能力や仕事ぶりを評価し，評価結果を被評価者にフィードバックすることによって職員の能力開発を促すこと

表6-1　人事評価の構図

	能力評価【インプット】 （潜在能力・意欲・行動）	業績評価【アウトプット】 （目標達成）
選別の論理	A 任用管理（配置転換・昇任／降任）	B 給与上の処遇（査定昇給・勤勉手当）
育成の論理	C	D

出典：稲継［2013：31］を参考に筆者作成.

を意味している．「選別の論理」「育成の論理」に先に触れた「能力評価」「業績評価」を掛け合わせると表6-1のように整理できる．すなわち，人事評価と一口に言うが，ここにはA～Dの4つの領域が存在している．

一般的な自治体の人事評価は以下の①から⑤の順に進められる．

① 評価の方法：能力評価及び業績評価の2本立てで実施
② 評価基準の明示：評価項目，基準，実施方法等の明示
③ 評価者訓練：各評価者への研修等
④ 自己申告：被評価者が自らの業務遂行状況を振り返り自己申告を実施
　　面談：評価者と被評価者が話し合い，目標設定やフィードバックを実施
　　結果の開示：結果を被評価者に示し，今後の業務遂行にあたっての指導・助言を実施
⑤ 苦情対応：評価に関する苦情に対応する仕組みを整備

総務省によれば，上記の①～⑤のプロセスには人材育成の側面があるとされている［総務省 2014：4］．たとえば，①や③は評価者のマネジメント能力の醸成に，②は期待する職員像の明示に，④は被評価者自身の振り返りによってやる気の増進・主体的な能力開発につながることが期待されている．

（2）人事評価に対する職員の不満

しかし，勤務評定で指摘されていた問題点が人事評価において解消されているかと言えば，かならずしもそうではない．たとえば，自治労京都市職教育支

表 6-2　人事評価に対する職員のおもな意見

年度	おもな意見
2014	・評価者との関係で左右される人事評価は制度として機能していない. ・評価規準が評価者によって異なりすぎる. 評価の妥当性は検証しているのか. ・上が下を評価するだけでなく, 下が上を評価する制度もあってしかるべき.
2015	・当局は評価者の評価基準統一にもっと尽力すべき. ・評価結果は, 部下に何を期待しているのかもしっかり伝えるべき. ・部下が上司を評価する制度の導入を.
2016	・上司が仕方なくやっているイメージがある. 重要性をもっと認識させるべき. ・評価制度が実施されている実感がない. どのように影響があるのか不明瞭. ・やるなら実のある制度にしてほしい. ・評価手法はもう少し論理的にできるのではないか.
2017	・何を評価して点数化されているのか説明が無いためわからない. ・あくまで感覚と経験に基づく評価でしかないと思う. ・担当課長と面談を行っているが, 所属長と密な意思疎通ができているのか疑問.
2018	・制度そのものが形骸化している. ・一次評価者の主観による判断が苦痛と感じる.
2019	・全体的に形式的になっていると感じる. ・意欲向上というよりは自分の決意表明に対しての評価を自分で行い, 意見をいただくものになっているように感じる.

出典：自治労京都市職教育支部へのヒアリング結果から筆者作成.

部が組合員に対して毎年実施しているアンケート結果からは，「人事評価は仕事の意欲向上に繋がっていないと思う」と回答した組合員の割合は，2014年から2018年の5年間でいずれも50％以上（2014年57％，2015年50％，2016年53％，2017年51％，2018年63％）となっている．また，**表6-2**のとおり，被評価者の大多数を占める末端職員からの人事評価に対する否定的な意見は少なくない.

　具体的に総務省が整理していた勤務評定を中心とした人事管理の問題点は以下の11項目である．ここであげられている意見の多くは，国家公務員に対する新たな人事評価制度の導入を提言した報告書において，勤務評定を中心とした人事管理の問題点として指摘されていた以下の事項と重複している［人事評価研究会 2000］.

・勤務評定の結果が人材の有効活用や職員の意欲向上に十分に反映されて
　いない

・人事評価に用いるべき能力等の基準が不明確

・短期的な勤務実績中心の評定であるため，異動・昇進・育成等に積極的
　に反映し難い

・頻繁な人事異動により中長期的な観察を経た上で評価を行うことが困難

・個々の被評価者にとって，自らが何をすれば評価されるかを認識するこ
　とが困難

・上司・部下間のコミュニケーションや研修等の機会を通じた評価者訓練
　が不十分

・評価しても職員間で昇進・処遇等の面であまり差をつけていない

・差をつけている場合でも給与面よりもポスト面を重視して差をつけている

・実際の人事異動を「顔の見える」範囲内で行っている

・求められる能力や業績の変化への対応が不十分

・人事当局，評価者及び被評価者の信頼感や組織としてのコンセンサスが
　不十分

　そもそも，このような問題点を改善するために人事評価制度は導入されたは
ずであった．ところが，表6-2と照らし合わせる限り，これらの課題は解消
されているとは言い難い．そればかりか2009年から人事評価制度を導入し，10
年以上経過している国の府省では，人事評価等への不満から退職する若手官僚
も増えてきている[1]．経済産業省の場合，年間約50人を採用している国家公務員
総合職（旧I種）試験を経た退職者が2018年度1年間で20人を超える異例の事
態となった．この退職の理由としては，長時間労働によって十分な人事評価が
なされず，自身の希望や成果が人事・給与に反映されない点や専門性が身につ
かなかった点が指摘されている［日本経済新聞 2019］．

　同様の事態は自治体でも起こる恐れがある．以下では，人事評価制度を一種

の人材育成プログラムと見立て，人事当局の責任に焦点を当てつつ，現在の人事評価制度の課題と今後の改善についての展望を整理しよう．

╂ 2．人事評価に対する政策評価からのアプローチ

（1）プログラムとしての人事評価

すでに触れたように，人事評価は能力・業績に基づく人事管理だけでなく評価結果を活用した人材育成の役割も期待されている．このことから，人事評価は評価者ないし人事当局が，組織目的を達成するための望ましい行動を被評価者に習慣化させる手段ととらえることができる．さらにいえば，この目的—手段の関係に注目すれば，人事評価には「個々の職員の業績測定及び職員間の比較」とは別に，「プログラムとしての人事評価制度のあり方」（＝政策手段としての人事評価制度のあり方）という側面を見出すことができる．このとき，人事評価制度のゴールは，「住民サービスの向上に資する有能な職員集団を創設する」［稲継 2014：10］ことであると言えるだろう．

プログラムとしての人事評価制度を検討する際には，評価者と人事当局で重視する論理が異なることに着目することが重要である．この場合の人事評価の評価者については，「所属長」を念頭においている．人事評価の評価者は「育成の論理」で人事評価をとらえがちである．これに対し，人事課や秘書課等の人事当局は「選別の論理」を重視して人事評価をとらえやすい傾向にある．なお，評価者である所属長は，ある部下に対してよい評価を与えていたとしても人事・給与上の決定権はない．また，評価者は自らの見解に反していても人事当局の最終決定に従わなければならない．さらに，人事評価を受ける被評価者側にしてみれば，どうしても自らの処遇を重視しがちである．職員が「配置された区分組織の任務を忠実に遂行することが組織全体のためにも良いことであると考える」［東田 2002：167］ことは当然である．だが，いくら自らの担当業務の遂行に全力を尽くし所属内から高い評価を得られていたとしても，それが

給与や昇進にどう関係しているかわからない．これでは意欲は向上しにくい．このように考えると，問題の根源は人事評価を含めた人事制度全体にあると言えるだろう．そもそも，最終決定権をもつ人事当局以外にとっては人事関連業務全般がブラックボックスであるのが一般的である．

　人事当局の具体的な業務と人事評価結果の活用は，政策過程モデルになぞらえると理解しやすい．表6-1のA・Bそれぞれについて注目するとき，Aではまず次年度をはじめとした将来にわたる政策課題に対する現状の組織課題が存在している．この段階では多種多様な政策課題に対して人事当局としての重点づけや取捨選択がなされる．そして退職者や転任者を外し，組織の上層部から人員を配置する．この人員配置の際に個々人の人事評価結果が活用されている．BではAよりも簡易であり，各所属から評価結果を集約し，人事担当者が全体を見て評価結果を調整・修正した後，昇給や手当が決められている．この過程の実質的な責任者は人事当局にあるが，結果について理由や説明が示されることはない．

　典型的な例が人事異動である．人事異動は行政職には当然に実施されるものであり，それを否定する職員は少ない．人事異動が定期的に実施される理由は，業者との癒着に代表される汚職の防止や業務の漫然な遂行の防止などがあげられる．もっとも，実際には所属内で異動したり所属内で昇進し続けたりする職員も存在する．政令指定都市のように大規模な自治体であれば，行政職であっても税や国民健康保険，国民年金など，本庁や区役所の特定分野内で異動を繰り返す職員も存在する．だが，「なぜそうなったのか」について，人事異動について説明されることはない．それは被評価者にとってとくにそうである．被評価者にとってはこのようにプログラムの構造やルールが明らかではない．したがって，被評価者である職員から見ればプログラムが公平に運用されているかどうか判断できない．結果としてそれが不安や疑問へとつながっている．

（2）業績測定としての人事評価の課題

　いかなる評価を行うにせよ，評価を実施する際には事前に何らかの理想や標準，目標が存在している．人事評価ではそれは理想的あるいは標準的な職員像や達成すべき目標として表現されている．「選別の論理」で人事評価を実施する際，「能力評価」ではより理想的な能力・意欲・行動のあった職員の順に，「業績評価」では目標をより高いレベルで達成した職員の順に順位が付されることとなる．なぜ，順位付けが必要なのか．それは，ポストや財源が限られているため，職員間の相対比較が求められるからである．「育成の論理」でも同様に，標準とされる職員像との比較が行われる．各職員の長所や短所を把握していなければ，各職員へのフィードバックはできない．

　ただし，「能力評価」と「業績評価」には大きな違いがある．「能力評価」は行政内部での行動様式が重要な論点とされるのに対し，「業績評価」では結果責任に重点が置かれる．後者の「業績評価」と深い関係にあるのが多くの自治体で行われている「行政評価」，すなわち評価学でいうところの「業績測定」である．

　「業績測定」の際に重要となるのが能率の概念である．人事評価の最大の目的は，評価結果を給与等の処遇や身分取扱いの上で活用することで公務能率を増進させることにある［地方公共団体における人事評価制度の運用に関する研究会 2011：14］．講学上，能率概念は産出と投入との比であるとされている［西尾 1976a：186］．能率が上がったかどうかの判定は，① 産出が一定のときに投入が減った場合，② 投入が一定のときに産出が増えた場合，③ ①と②が同時に起こった場合の3つである．この判定は，いずれも実務上の難しい問題を抱えている．

　①の場合については，人事評価のなかで具体的に考えれば，「与えられる職務の範囲が決まっているうえでいかに早く仕事をこなすか」ということになる．現行の人事評価制度においても，職務給の原則（地方公務員法第24条第1項）の徹底から等級別基準職務表の作成が求められている（地方公務員法第15条の2第1項

第5号）．また，いわゆる管理職に該当する課長級職員の職務の範囲は専決規定
等で定められている．しかし，両者とも実際にそのとおりに運用されているの
かは不明である．課長級未満の役付職員の職務の範囲もある程度は決まってい
るが，末端職員は所属する職員の能力や年次で変化することが通例である．な
お，職務内容を仔細かつ明確に示すことが必要であることは職階制の導入をめ
ぐって議論されてきた．しかし，現在の日本の公務員制度は職階制を放棄して
いる．

　この点については，大森彌のいわゆる「大部屋主義」［大森 2006：19］論が有名
である．「大部屋主義」とは，個々人に職務が割り振られるのではなく，複数
の職員からなる課なり係なりの集団に職務が割り振られることをいう．このよ
うな執務慣行をとる日本では，職務の範囲は垂直方向にも水平方向にも伸縮し
ているとされる［金井 2006：73：79］．このため，たとえ個々人が能率を上げて
与えられた職務をこなしたとしても，業務量の平準化という名目で新たな業務
が追加されてしまうことになりがちである．このように，職務内容や責任が不
明確な状態で個々人に対する人事評価を実施してしまうと，任命権者の恣意に
よって評価結果が左右されてしまうことも起こりかねない［金井 2006：74］．

　②の場合はどうか．投入が一定のときに算出が増えた場合を人事評価のなか
で考えれば，「所与の勤務時間のなかでいかに多くの仕事をこなすか」という
議論になる．言うまでもなく，多くの仕事を手掛けるための最も簡単な方法は
「時間をかけること」である．しかし，これでは職員間の比較ができない．こ
のため，公務において業務は「正規の勤務時間で処理し終わるようにその配分
と定員管理が行われるもの」［勤務時間制度研究会編 2011：181］であることを前提
とする．しかし，実際は超過勤務が常態化している．最近では「働き方改革」
の名の下に勤務時間の縮減が謳われているものの，前章で述べたように，部
下・上司・人事当局いずれにも超過勤務を見逃すメリットの存在，当事者間の
チェック機能の弱さ，形式的な生産性の改善，国による定員削減要求，定員モ
デルの算出方法の弱点などの理由から，これまでは全体として自治体における

働き方改革はあまり進んでこなかった.

　ここで強調しておきたいのは, そもそも公正な人事評価を実施するための前提となるルールが不完全である点である. ここから, 人事当局の責任論が浮かび上がる. 次節ではこれについて見ていこう.

╋ 3．人事評価と行政責任

（1）アカウンタビリティとレスポンシビリティ

　行政責任論にはレスポンシビリティとアカウンタビリティという2つの系譜が存在する. プロフェッショナリズムやモラールに代表されるように, 前者は国民に対する行政の自発的な応答性を強調する「とる」責任である. これに対して, 権力分立の観点から行政の民主的統制を重視する後者では, アカウンタビリティ確保のためのメカニズムの強化を求めていく「とらせる」責任である [山谷 1991：188]. 第2章第1節（2）でも触れたように, 行政学ではフリードリッヒとファイナーとの行政責任論争が著名であるが, レスポンシビリティとアカウンタビリティのせめぎあい, すなわち「とる」責任と「とらせる」責任のいずれを重視するべきかについては完全な正解が存在するわけでない. レスポンシビリティかアカウンタビリティか二者択一ではなく, どちらをどの程度重視するか, 状況に応じて適切に判断できるように幅を持たせることが重要である.

　アカウンタビリティを確保するためには, ① 説明者は誰か, ② 何について説明するのか, ③ 誰に対して説明するのか, ④ 誰に納得してもらいたいのか, ⑤ 納得の判断基準は何か, ⑥ 説明の内容はどのような方法・手段を使って集めた情報なのか, ⑦ 事前・中間・事後のどの時点で⑥を行って説明するのか, の7つのポイントがある [山谷 2012a：189]. 「選別の論理」から考えれば, 人事当局が人事給与上の処遇について被評価者に対して説明することになるが, 明確な回答が得られることはほとんどない. 現状では職務の範囲はあいまいで,

勤務時間は不正確であるため評価の基礎となる情報にも問題がある.

　レスポンシビリティの観点からは, 被評価者の高いモラールやプライド, 専門能力や自覚が論点となる. 評価者に期待されるのは, 被評価者に働きかけ, 指導や助言することである. ここでは評価者の教育能力が問われるため, 評価者に対する研修の実施や, よい事例の収集・周知などが有効な手段となる. 人事評価ではこのようなレスポンシビリティを強調する動きが目立っている［稲継 2016 ; 原田 2016］.

（2）プログラムとしての人事評価における責任と統制

　では, もう少しマクロな視点に立ち, プログラムとして人事評価をとらえた場合にはどのように考えることができるのだろうか. 本章の冒頭では, 人事評価制度は, よりよい住民サービスを提供する職員集団を作るためにとられるプログラムであると見なしうると指摘していた. 実際の人事評価の活動はこのプログラムの目的を達成するための手段として位置づけることができる. 人事当局にとっての理想的な姿は, 住民サービスの向上に資する職員集団の創設という目的のために職員に対してさまざまなインセンティブを与える状態であろう. これが人事当局のレスポンシビリティである.

　しかし, **表6-2**のとおりであるとするなら, 人事当局の責任は十分に果たされていない. まず問題となるのは人事評価をめぐるアカウンタビリティである. 住民を究極の主体として見据えるとき, 人事評価をめぐるアカウンタビリティは, 人事当局が現に職員に対して実施している人事評価が, 真によりよい住民サービスを提供する職員集団の創設という目的を達成するのに有効に機能しているのかどうかということになる. このチェックの主体は都道府県や政令指定都市では人事委員会である. 地方公務員法第23条の4で「人事委員会は, 人事評価の実施に関し, 任命権者に勧告することができる」と明記されており, この条文は人事評価に関する計画の立案も含めた人事管理全般についての勧告権が付与されていると解される［橋本（勇）2016 : 365］. 勧告とは意見の表明と

表6-3　人事評価をめぐる京都市人事委員会の勧告内容

年度	人事評価に関する勧告の内容	掲載頁
2010	今年度から試行が開始された新たな人事評価制度については，円滑な導入に向けて評価者研修を実施するとともに，本人へのフィードバックや苦情対応のシステムを構築するなど，信頼性の確保に向けた取組が進められている．今後は，評価結果を職員研修につなげていくことや，適材適所の人事配置に活用するなど，本制度が，その目的である人材の育成と組織の活性化に資するものとなるよう，不断の改善に取り組むことが重要である．	p. 15
2011	多様化・高度化する市民ニーズに的確に対応し，公務能率の更なる向上を図るためには，職務に必要な能力及び意欲を備え，情熱と誇りを持った職務・職責にふさわしい優秀な人材を育成することが重要である．能力や意欲を欠く職員に対して，地方公務員法の趣旨にのっとり適切な人事管理を行うことはもとより，人事評価結果に基づく研修や日々の職務遂行を通じた訓練（OJT）などの組織的な人材育成に引き続き取り組む必要があるが，係長能力認定試験の受験率低迷にみられるように，職員の昇任意欲の低下がうかがえ，人材の育成や組織活力の維持向上への影響が危惧される．	p. 18-19
2012	本市の人事評価制度は，昨年度から本格実施されたところであるが，引き続き，その目的である人材の育成と組織の活性化を図るために広く活用するとともに，適正に運用していくことが必要である．　課長級以上の職員については，今年度から人事評価の結果を翌年度の昇給及び勤勉手当に反映させる制度が導入されている．人事評価結果を給与に適切に反映させることについては，職員の意欲と能力を引き出し，組織の活性化につながると考えられることから，更に推進することが必要であるが，その運用に当たっては，人事評価の結果の公正さや客観性がより厳格に求められることから，仕事の結果や成果を数値的に把握できるとは限らない業務が存在する公務の特性にも留意のうえ，人事評価制度の運用状況を十分に検証し，職員にとってより納得性の高いものとしていくことが求められる．　また，市長部局においては，京都市人材活性化プランが最終年度を迎え，本プランに掲げる取組がおおむね実施されている．今後は，個々の職員が，期待される役割を自ら考え，その意欲と能力を高めることができるように研修や人事管理を行うなど，人材の育成及び活用に向けた取組を更に深化させる必要がある．	p. 16
2013	本市の人事評価制度については，人材の育成と組織の活性化を図るために平成23年度から本格実施されているところであるが，その目的を十分に達成するためには，評価者及び被評価者の双方が制度の理念や仕組みを正しく理解し，コミュニケーションを図りながら，適切に運用するとともに，任命権者において，制度の効果を十分に検証し，国及び他の地方公共団体の状況も踏まえつつ，制度を的確に活用することが重要である．	p. 14-15
2014	人事評価については，地方公務員法の一部改正により，任用，給与，分限その他の人事管理の基礎として活用するものとされたところである．本市においては，人材の育成と組織の活性化を図るために既に人事評価を実施しており，地方公務員法の改正の趣旨も踏まえ，引き続き，その制度を適切に運用していく必要がある．	p. 16
2015	人事評価については，地方公務員法の一部改正により，任用，給与，分限その他の人事管理の基礎として活用するものとされたところであり，同法にのっり，人事評価又は勤務の状況を示す事実に照らして勤務実績が良くない場合は適切な措置を執るなど，本市の人事評価制度を適切に運用し，活用していく必要がある．	p. 19
2016	人事評価については，地方公務員法の一部改正により，任用，給与，分限その他の人事管理の基礎として活用するものとされたことを踏まえた制度の見直しが行われたところである．今後も，人事評価を通じて職員の育成と組織の活性化に寄与するよう，同法にのっとり，公正かつ納得性の高い制度の運用に努めるとともに，人事管理の基礎として適切に活用していく必要がある．	p. 22
2017	人事評価制度については，職員の育成と組織の活性化に寄与するよう，公正かつ納得性の高い制度の運用に努めることが重要である．また，任用，給与，分限その他の人事管理の基礎として活用するものとされている地方公務員法の趣旨がより徹底されるよう，国及び他都市の動向も勘案しつつ，制度の点検，見直しに不断に取り組む必要がある．	p. 16
2018	人事評価制度については，引き続き，公正性かつ納得性の高い制度の運用に努めるとともに，当該制度を任用，給与，分限その他の人事管理の基礎として活用するものとしている地方公務員法の趣旨がより徹底されるよう，適宜見直しを行っていくことが必要である．	p. 14
2019	人事評価制度については，当該制度を任用，給与，分限その他の人事管理の基礎として活用するものとしている地方公務員法の趣旨がより徹底されるよう，適宜見直しを行うとともに，引き続き，職員の育成と組織の活性化に寄与するものとなるよう，公正性かつ納得性の高い制度の運用に努める必要がある．	p. 15

出典：京都市人事委員会「職員の給与に関する報告について」より筆者作成．

は異なり，勧告を受けた側は勧告内容に従うことが原則であり，これとは異なる対応を取る場合には強い説明する責任が生じる［橋本（勇）2016：219］．これが人事評価をめぐるアカウンタビリティである．

　では，実際に人事委員会は人事評価についてどのような勧告を講じているのだろうか．表6-3は人事評価をめぐる京都市の人事委員会の勧告内容について直近10年分をまとめたものである．これを見れば人事評価について触れている分量が年々減っていることがわかるだろう．一般的に注目される給与関係の勧告内容とは異なり，具体的な数字が示されていない点が注目される．京都市の例は一例に過ぎないが，多くの自治体でも同様の状況にあるものと推察される．アカウンタビリティ確保と業務の質的な改善，すなわちレスポンシビリティはトレードオフの関係にあるという［Londale and Bemelmans-Videc 2007］．重要なことは，0か100かの極端な議論ではなく，それらのバランスである．

（3）人事委員会による統制の必要性

　ここまで，「ブラックボックス」となっている人事評価のあり方を批判してきた．もちろん本章は，人事評価の結果や人事行政の内情を完全に職員にオープンにせよと言っているのではない．「人事評価や業績評価に使うエビデンスは，職場の人間関係の中に埋没して表面には出てこない」［山谷 2018：19］とも言われる．本章が主張したいのは，職員にオープンにできないからこそ，人事権を持つ主体がきちんとチェック機能を果たすことが，被評価者から納得を得るために重要なのではないかという点である．

　人事評価は主観的判断で運用されるべきものではない．具体的には，個別の人間関係，自己に有利になるように職務の関係者や組織を利用する能力である「職務能力」［水谷 1999：362］，「組織が『暗に求めていないこと』」［山谷 2018：17］などに基づいて人事評価は運用されるべきではない．ここから言えば，人事当局に対しては，人事評価の結果をどのように受け止め，人事異動や昇進，給与支給についてどのように判断したのかを説明していくようにすることが重

要である．こうした権限を人事委員会に持たせれば，不当や不正に対する抑止力としても期待できよう．

人事評価制度は人事評価「システム」である．「システム」とは，個人の能力や知識，選好に左右されず，誰でも同じ成果を生み出せる手法や体制のことをいう．現行の多くの人事評価では，「選別の論理」の際に何が評価指標とされているのか，あるいはどの指標に重点が置かれているかが不明である．これを可視化することは人事の公平性や納得感の観点からも大きな意義があるだろう．

人事委員会等の第三者がこうしたチェックに積極的に関わることは，苦情への対応という点でもメリットがある．評価者と被評価者との間で人事評価についての苦情が発生した際，「説明したからこれ以上話すことはない」と，被評価者の納得に関わらず評価者や人事当局の判断で説明を打ち切られる場合もある．逆に，被評価者が必要以上に食い下がり，無益な質問を続けて被説明者に評価者や人事当局が疲弊する場合もある．こうした際に，人事委員会等が第三者として被評価者の質問と評価者や人事当局の回答の論理性をチェックし，いずれの言い分が正しいか判断することは有益である．もちろん，こういった準司法的な役割は人事委員会にすでに与えられている．ただし，実際に実施しているかどうかは人事委員会のレスポンシビリティの範疇にある．それをチェックする立場にあるのは議会と住民である．

＋ 4．評価への参加

（1）職員の参加

人事委員会等が関与することで人事評価の客観性，公平性，納得性をより高めることは可能である．それが人事評価のアカウンタビリティ確保にもつながる．しかし，公務には民間部門のように数字で判断することができない業務が多数存在し，業績評価における目標値の適切な設定は困難である［Miller and

McTavish 2014：234］．答えのないものに対してベストを尽くそうとする努力は
重要であるが，他方であまり手間や時間をかけすぎることは実務的に困難で
ある．

　人事評価の客観性，公平性，納得性を得るためにはもう1つの方法がある．
それは人事評価に参加の要素を加味することである．評価学でも参加の要素を
加味した参加型評価が知られている．参加型評価とは，プログラムの利害関係
者が評価へ参加するものである．この参加型評価はプログラムの共有と改善を
目的としている．参加型評価は，民主主義への応答の困難，アカウンタビリ
ティの確保に伴う否定的作用，特定の価値の保存，科学的厳密性の追求による非
実用的な評価結果の産出といった問題を克服するために新たに考案されたもの
であると言われている［源 2008：橋本（圭）2016］．人事評価では，理想とする職
員像が職員ごとに異なる．ここから被評価者と評価者・人事当局の関係が敵対
的なものとなりやすい．また，科学的厳密性を追求しすぎることによるコスト
増や実用性の低下が懸念される．これらの問題の補完として参加の要素を加味
することは検討に値する．

　参加の要素を人事評価に加味することにはどのような効果があるのだろうか．
たとえば，人事評価制度の当初の導入目的の1つであった組織全体のモラール
の高揚，当事者意識や責任感の醸成，利害関係者間の相互理解の進展などがそ
の効果として期待されている［源 2008：101-102］．最近では財務省の360度評価
［財務省再生プロジェクト本部 2019］や厚生労働省若手チームによる提言［厚生労働
省改革若手チーム 2019］など，人事評価のみならず人事制度に対して職員が声を
あげて意見を反映するよう求めているが，これは人事評価や人事制度がいまだ
に閉鎖的であることの裏返しである．こうした例のほかに，職員団体にも人事
評価制度の改善のための研究会への参加を呼びかけている自治体もある［人事
評価の活用に関する研究会 2019］．「地方公共団体の行政経営体におけるトップ層，
つまり，最高幹部会議に参加する政策形成者層と事務の実施に当たる部下職員
との関係は，地方公共団体の行政経営体と住民との関係に著しく同質性を帯び

てくる」［加藤 1970：289］とも言われるように，理想の公務員像を描くことは
人事当局の独占ではなく，当該自治体の職員全体で考えていくべきものである
のかもしれない.

（2）業務の効率化

　参加の意義は業務の効率化にもある. 業務の効率化に資するよう人事評価を
うまく活用していくべきという意見もあるが［出雲 2016：8］，効率化が重視さ
れる背景には財源不足がある. 2020年3月下旬から日本全国でも急速に感染が
拡大している COVID-19 の影響で，自治体は長期間にわたって財政出動が求
められる一方で税収は確実に減少する状況に置かれる恐れも指摘されている
［日本経済新聞 2020］. 業務の効率化はあらゆる公務員にとって喫緊の課題となっ
ている.

　この効率化とは人員削減を直接的には意味していない. 人員削減による効率
化は組織内に偏在する未知の非効率な部分を改善する手段にはならない［宮脇
2003：137-138］からである. 業務効率化のための具体的な取り組みの例として
は業務のマニュアル化があげられる. 自治体の行政職職員は定期的な人事異動
が実施され，転職したかと感じるほど業務内容が変わる. 属人的な仕事から脱
却し，業務の標準化を通じて業務効率化に資するよりよいマニュアル作りは重
要である. マニュアル化を進めることで，スムーズな AI（Artificial Intelligence,
人工知能）や RPA（Robotic Process Automation）への移行，欠員時のリスク回避,
業務量と所要時間の見える化によるボトルネックの明確化といったメリットも
もたらされる. マニュアル化はその作業を通じて「仕事とはどうあるべきか」
という根源的な問いに迫ることにつながる［中田 2019］その意味では，マニュ
アルとは小さなプログラムとも言える.

　他方で，そもそも公務能率の向上は人事評価の導入目的の1つであった. 地
方公共団体の職場における能率向上に関する研究会は，公務能率の向上に資す
る職場のムダ削減として以下の10の取り組みついて，実際に実施された企業や

自治体の例を交えて紹介している［地方公共団体の職場における能率向上に関する研究会 2012］.

①「ムダな紙をなくす」──ノンペーパー，ペーパーストックレス──

②「ムダな机をなくす」──フリーアドレス──

③「ムダな執務スペースをなくす」──フリーミーティングスペースへの転用──

④「会議のムダをなくす」──会議ルールの設定等──

⑤「照会業務のムダをなくす」──コールセンターの活用──

⑥「ムダな残業をなくす」──日程の共有──

⑦「定型業務のムダをなくす」──ルーティンワークのマニュアル化──

⑧「窓口業務のムダをなくす」──ワンストップ窓口の導入──

⑨「文書管理のムダをなくす」──ファイリングシステムの活用──

⑩「現金取扱いのムダをなくす」──電子マネー納付の導入──

（3）住民の参加

　参加の取り組みをさらに進めれば，その範囲は住民にまで及ぶ．人事行政運営に対する住民参加の必要性はすでに指摘されている．たとえば，「人事行政運営においても行政内部だけでの客観性・透明性等の確保に留まらず，住民に対して制度内容やその運用状況について積極的に公表していき，使用者たる住民に明らかにし住民に対し説明責任を果たすとともに，場合によりパブリック・コメント等を活用し住民の意見をも取り入れた制度内容に変更するなど『住民参加』の観点も求められてくる」［地方行政運営研究会公務能率研究部会 2004：7］といった指摘がある．また，大森は行政職員の定期的な人事異動について住民に対する説明がないことを取り上げ，人事システムの改革の必要性を説いている［大森 2004：178-179］.

　これらは「ガバメントを創造することを射程に入れて市民は議論すべきとき

を迎えている」［今川 2009：1-2］ことの1つの現れである．人事当局にとって
は自らの最大の権限である人事や組織のあり方に口を挟まれることは嫌がる．
しかし，そもそも「《民主主義的体制のなかの非民主主義的な主体》である行
政職員・行政組織に対して，《民主主義的体制のなかの民主主義的な主体》で
あるはずの住民が，いかに民主的統制を達成できるか」［金井 2010：319］は，
自治体のオーナーである住民にとって最も重視すべき点である．北海道夕張市
で実際に起こったように，自治体が財政再建団体に転落すれば当該自治体の職
員の給与カットはもちろん，住民サービスは劇的に低下する．したがって人事
評価制度に対して職員や住民が参加することを通じて，当該自治体の人事や組
織に参加する権利は意義があるはずである．もちろん，管理職や管理職員等に
あたらない一個人の人事や給与上の処遇に対してこれを求めるのは問題がある．
そうではなく，制度全体へ意見したり，評価指標の設定や重点づけに参加した
りするような形であれば，「参加型人事」もあり得るだろう．

　かつて西尾勝は，政策の合理性を評価する基本的な視点として有効性と能率
性があるとしつつ，この2つからのみ評価を実施することが妥当でない理由と
して以下の4つを挙げていた［西尾 1976a：205］．

・サービス対象者にとっての効用，職員のモラル，組織の結束力，組織の
　適応能力といった諸要因を直接的にとらえていない．
・評価規準に合意がないと客観性は成立せず，対外的説得力を持たないた
　めに政治的合理性と合致しない．
・投入と算出の全側面を把握するのは不可能であり，常に不完全である．
・実用的に使うためには規準を大幅に単純化する必要があり，その過程で
　多くの評価規準を意識的に捨象している．

　人事評価の有効性とは個々の職員の業績，その能率とは業績と労働時間の比
である．これを1つのプログラムととらえれば有効性とは人事評価の目的の達
成度，能率とは人事評価を実施するコストとなる．これまでの議論で見てきた

ように，人事評価への参加の要素の加味は，多くの課題を解消できる可能性があるだろう．

＋ おわりに

　日本では海外に比べて人事・給与について任命権者の裁量が大きい．それは日本で実施されている閉鎖型終身任用・部内ローテーション人事では不適切な裁量権の行使に対して個々の職員が辞職・転職によって対抗する余地が小さいからであると言われている［金井 2006：78］．また，人事評価によってさらなる任命権者への権限集中が進んだとの指摘もある［黒田 2017］．人事行政は他の行政と異なり統治的性格を持っている［辻 1991：3］．最近では強い官邸に対抗しうるために独立機関の強化も訴えられている［牧原 2018：92-93］．「自治体行政学は，（中略）公務員の生理・病理を踏まえた『公務員倫理』の学問である」［金井 2010：12］と言われる．そして，この倫理の根本的な問題は「行政においてさまざまに競合する価値の間から行政官がいかなる価値を選択し実現するか」［山谷 1991：187］である．この実現のためにも，人事委員会が積極的に人事評価について勧告することは必要である．

　同時に，人事当局のレスポンシビリティも問われている．レスポンシビリティを重視したファイナーの主張の1つは民衆感情に対する応答であり，その後にレスポンシビリティ概念を整理したギルバートが示した行政の実現すべき12の価値には応答性（responsiveness）や誠実性（probity）があった（表2-2を参照）．人事・給与上の判断がいかに非公開事項であっても，人事当局が消極的で誠実さを欠いた対応をすればルール化を求める声につながり，結局は自縄自縛の状態に陥る．アカウンタビリティのジレンマに陥らないためにも，人事当局にとっても積極的な姿勢は重要である．

　自治体を取り巻く環境は年々厳しさを増している．行政需要と人員はますます乖離し，個々の業務量は確実に増えている．業務繁忙は時に倫理を喪失させ

ることもある．「やらなければならない」ことが多すぎて「やった方がよい」ことができなくなるのである．そして，「やらなければならない」とわかっていても，それに優先順位をつけるようになり，軽微な規則を守らなくなる．そしてそれが後に内部・外部の監査で発覚すれば，不適切な事務防止のために煩雑なルールが課される．「できたはず」なのに「やらなかった」ことと，「やりたかった」にもかかわらず「できなかった」ことの差は大きい．

注
1）　2016（平成28）年度の人事院の年次報告書では，国家公務員の人事評価について全体としては比較的肯定的に受け止められているものの，「全85の質問項目を見ても，（中略）全般的に課長級に肯定的な傾向が見られ，係長級に否定的な傾向が見られており，顕著な乖離が認められる．」（第1編第2部第1章第2節4（1）），「全般的に24歳以下に肯定的な傾向が見られる一方，30～34歳に否定的な傾向が見られており，乖離が認められる．」（第1編第2部第1章第2節4（2））とある［人事院 2016］．事例として取り上げた自治労京都市職教育支部も若手職員が多く，後述する厚生労働省改革若手チーム（2019）からも人事評価への不満が見られることから，次代を担う若手職員は人事評価に不満を持っている傾向がうかがえる．

終　章　よりよい管理を目指して

　以上，本書では1990年代から現在に至るまでの日本における公共部門の効率化改革を主題に，効率の起源と概念，日本における評価や政策との関係を確認した．そしてその帰結の例として会計年度任用職員の導入と働き方改革を取り上げ，両者を有効に機能させる手段の1つである人事評価が不十分であることを示した．効率は評価という手段を用いてその良否が判断されるが，日本では政策評価に限らず評価そのものの概念が総じて正しく理解されていない．その中で新自由主義的な価値観を帯びた政治がトップダウンでわかりやすさを求めた．このため，評価は業績測定型や目標管理型に収斂した．形式的な数字を追い求めた結果，本来の評価の目的であった政策の質や内容は置き去りにされ，改善が起こりにくくなってしまったのである．

　公共サービスの受け手の市民から見れば，自らの利害に直結する政策や事務事業の成否については敏感である反面，そうではない庶務や人事，会計などの内部管理事務については鈍感になりがちである．他方で，日本の行政の現場ではプログラムと内部管理事務をつなぐ視点や仕組みが脆弱である．「評価結果の予算への反映」に代表されるように，評価にこの役割が期待されたが，それは本来の評価の役割ではない．評価はあくまでも内容や有効性の向上を図るためのツールである．しかし，日本では本来別のツールで担保すべきこの役割が機能していないのである．第1章で提示したアドミニストレーションとマネジメントの違いをはじめ，行政運営のための重要な諸概念が行政運営を担う職員に十分に理解されていないことは，評価に対する理解不足の根本的な原因の1

つであろう.

　高度な福祉国家化が進展した現代において，職員一人ひとりが担う業務のレベルも高度化している．しかし，公共部門の職員数は過度に削減されている．先に指摘した諸概念の理解不足のみならず，職務経験が浅薄になることで生じる専門知識の欠如の背景には，人員削減によって職員が精神的・時間的な余裕をなくしていることもあげられる．この他にも，政策的な正しさよりも政治的な正しさを追求する「忖度官僚」を出現させるなど，過度な人員削減はさまざまな問題を発生させる要因となっている．

　こうした改善が起こりにくい，いいかえれば管理が形骸化した行政組織では「数字を合わせる」悪しき慣行が発現・伝承されていくおそれもある．閉鎖型任用システムを採る日本では，採用された職員はジェネラリストとして人事異動のなかで内部管理事務も政策の企画立案や実施も経験するが，内部管理事務で数字を合わせることに違和感がなくなった職員が政策の企画立案や実施においても同様の対応をするおそれがある．厚生労働省における毎月勤労統計の不正処理問題はこのおそれの1つのあらわれかもしれない．本来，「Plan-Do-See-Action」であるべき業務改善の実態が，同じPDCAでも「Plan-Do-Cut-Adjustment」に堕落しているように，改善志向の欠如は内部管理事務にも見られる．政策も内部管理事務もいまだに「プラン偏重」[増島 1981：20]のままなのである．

　もっとも，この原因は政治だけではなく，効率という政治からの要望を甘んじて受けてきた中央府省や自治体の態度にもある．社会を対象とする政策の場合，政策の結果は外部要因に大きく左右されるが，内部管理事務は政策と比べて外部からの影響を受けにくい．他方，第4章から第6章までで確認した定員削減や働き方改革，人事評価をめぐる自治体の反応を見る限りでは，自治体もこれらの内部管理事務に関する問題の本質に真摯に向き合っているとは言いがたい．適切な人員配置や組織編制，人材育成は政策の効果を十分に発揮させる前提条件であり，職員の労働時間はすべての行政活動の基礎となる要素である．

しかし，中央府省や自治体において EBPM（Evidence-based Policy Making, エビデンスに基づく政策立案）が模索されていることとは対照的に，自らの組織で勤務する職員の労働時間の測定すら不適切な状況にある．このことは，間接的に公共サービスの質や安定性に悪影響を与えているおそれがある．

　ひるがえって，第2章で述べた責任論および統制論の視点からは，日本の組織管理の大部分はレスポンシビリティの領域となっているといえる．市民も「行政の無謬性」をある程度は信じているし，そうあってほしい，またそうあるべきだと考えている．しかしこのレスポンシビリティに依存する状況で改善があまりなされてこなかった．定数削減も相まって，職員の行動の判断基準が道義的に見て正しいのかや公務員としてあるべき姿なのかではなく，明らかに違法と判断されてしまうのかや法令に基づいていると主張できるのかに終始しているかもしれない．もしそう考える職員がいるとすれば，その職員からレスポンシビリティは消滅している．

　内部からの管理改善が難しいのであれば，外部から統制を行う必要がある．レスポンシビリティに依存する状態では責任は問われないからである．政府のオーナーである市民が政府の政策を制御する際の条件が市民参加と情報公開であるように［土山 2018：69-70］，組織管理における民主的制御にもこの2点が重要である．他方で，組織管理のための目標値を設定する際に，職員や議員，市民が参加し，正確な情報に基づいた健全な議論はどこまで行われているだろうか．こうした視点や議論は日本の行政組織では不十分である。[1]

　政策を支えるために必要な資源には権限，財源，人間のいわゆる「三ゲン」があるといわれる．このうち，財源については予算要求の過程が公開されたり，支出について外部監査が行われたりとアカウンタビリティの視点が比較的導入されているが，権限と人間については実施直前か事後の報告に留まり，その決定過程はブラックボックスのままで事後のチェックも不十分である．組織や人事に関する実態を踏まえた健全な議論のためには，職員数や勤務時間は基礎的かつ重要な情報である．しかし，第5章で見たように職員本人が「事なかれ主

義」を選択するのが最善の選択である環境では，仮に職員が本当は良くないことだと思っていても自らの本当の勤務時間を正確に報告しない．このとき，客観的な記録を基礎としない場合は，本人以外の者は当該職員の勤務時間が建前であることさえもわからない．政策のコストの大部分を占める職員の数や勤務時間が不正確な状態では，第1章で議論した効率の判断がつかない．こうした形骸化した組織管理は適切な政策管理を妨げ，市民の不利益を招く可能性がある．

したがって，組織管理の実態の解明や分析は急務である．この手段としては組織管理についての監査体制の強化や人事制度の変更などがあげられる．たとえば第5章で提案したような人事委員会の権限強化や，大森が主張する行政職職員の定期的な人事異動について住民に対する説明［大森 2004：178-79］などである．また，研究者が実証研究に関心を持ち，その充実に努めることも手段の1つかもしれない．中央省庁の移転，職階法，旧特別市など，法律があっても守られない「立ち枯れ」［大森 2006：47］現象に代表されるように，制度と実態が乖離している場合が見られる日本において，実証研究は大きな意義があるからである．近年では大谷・河合［2019］など実証研究も進んでいるが，日本ではアメリカのような理論と実務が交流できる環境に乏しく，「官と学との協働と言うのは簡単であるが，実際はかなり難しい」［山谷 2018：19］状況である．正規職員，とくに行政職職員が研究者との「二足の草鞋を履く」ことは非常に困難であり，第4章の臨時・非常勤職員の制度変更の点からも任期付職員の活用と拡充が期待される．

組織管理においても公共部門が民間部門よりも大事にしなければならない価値は確実に存在する．民間のマネジメントを行政にそのまま導入すれば成功するというストーリーは神話にすぎない．NPM の発祥国のイギリスでは，NPMを経験するなかで住民の位置づけが消費者から自治の主人公へと変化した．また，アメリカでは正統派行政学を経験したのちに新しい行政学運動が生まれ，効率化改革の反省から社会的公正，公平・平等，正義などの価値が重視される

ようになった．たとえば新しい行政学運動を主導した行政学者のフレデリクソンは，正義と博愛（fairness and benevolence）は節約と能率と同じように重要であり，それらによって行政の仕事は高貴なものとなると述べた［Frederickson 1997］．今里はこのことを財政難に苦しむ現代行政の課題に対する切り口とし，自治体職員のミッションは経費削減ではなく世直し・人助けの邁進であると説く［今里 2008：10］．組織管理においてもこうした職員のレスポンシビリティをいかに醸成するか，そしてその有力な手段である人事評価をいかに有効に機能させるかは今後ますます重要になるだろう．

　本書は不完全な組織管理の状況についての市民への問題提起でもある．市民が政策の内容を議論することはもちろん重要であるが，政府組織や公務員をいかにコントロールし，どうすれば市民が理想とする社会を実現することができるのかについてももっと関心をもつ必要がある．中央府省・自治体を問わず，公務員ひとりあたりの業務量が増え，個人のレスポンシビリティに任せるだけでは責任が確保できない状況は年々厳しさを増している．他方で，徹底的にアカウンタビリティを追及するためには莫大なコストがかかる．両者のバランスを取りながら適切な管理が実施されるよう時代に合わせた政府組織をデザインすることは，行政自身の義務であるとともに公共サービスを受ける権利をもつ市民の義務の１つではないだろうか．

　注
　1）　この「情報」の意味内容には注意を要する．江畑謙介によれば，情報には数字の羅列であるデータ（Data），データを種類ごとに分けたものであるインフォメーション（Information），インフォメーションに分析，評価して洞察（Insight）を加えたものであるインテリジェンス（Intelligence）の３つの段階があるという．江畑はこの区別の重要性と混同の危険性を説いている［江畑 2004：16-18］．実態を踏まえた健全な議論のためには，情報を公開する行政も情報を収集する議員や市民もこのことを十分に意識する必要がある．

あ と が き

　本書は，同志社大学大学院総合政策科学研究科に提出し，2020年3月に博士
（政策科学）の学位を授与いただいた博士論文「公共部門における効率化の理論
と評価──形骸化する管理──」に加筆修正を施したものである．

　本書の議論の中心である公共部門の効率化については，筆者が学部生時代に
ゼミで取り上げて以来，一貫して関心を持ってきたテーマである．当時は「郵
政民営化」や「聖域なき構造改革」などのスローガンで世間からの関心を集め
た小泉政権が終わり，その総括が行われていた時期だった．序章でも触れたよ
うに，現在COVID-19の流行によって小泉政権以降の行政改革の負の遺産が露
呈しているが，こうした誤った効率化による政策の失敗，内部管理の失敗は現
実の行政に蔓延してしまっている．これらの実態を10年の地方公務員生活を通
じて肌で感じながら，評価や責任の視点から政策や行政の管理のあり方につい
て世に問いたいと考えたことが筆者の大きな研究動機であった．地方公務員と
の「二足の草鞋」を履きながら博士学位論文に取り組むことは決して容易な作
業ではなかったが，多くの方々のご指導やご支援に支えられ，何とか完成させ
ることができた．この場を借りて，とくにお世話になった先生方に感謝を申し
上げたい．

　山谷清志先生には，指導教員として学部から大学院，そして現在に至るまで
ご指導を賜っている．筆者が研究者を意識した契機が，2007年4月2日に山谷
先生からいただいた一通のメールにある．「将来は公務員に」とぼんやりと考
えていた筆者に新たな道を提示していただき，隔週開催の英文読書会，また懇
親会を通じて学問の面白さを教えていただいた．博士後期課程入学後しばらく
は研究と仕事を何とか両立させていたが，業務が多忙となり，研究の世界と関
われなくなった時期が丸2年ほどあった．博士後期課程の満期が近づく2018年

の春，2年ぶりに山谷先生と連絡をとって今後の相談をさせていただくことになった．このまま引導を渡される覚悟で研究室に出向いたところ，筆者の予想に反してあたたかいエールをいただいた．これが博士論文完成の大きなモチベーションとなった．山谷先生に出会わなければ私は研究者には決してなれなかった．これまでの山谷先生からのご指導・ご鞭撻に心から感謝を申し上げるとともに，今後も精進を続けることで恩義に報いてきたい．

今川晃先生には博士課程前期でのサブゼミ，修士論文の副査，そして自治政策研究会とさまざまな場面でご助言を賜った．修士課程修了後は地方公務員の道を考えていたため，地方自治を学んでおこうという単純な理由から今川先生のゼミをサブゼミに選んだが，このサブゼミや研究会でいただいたご指摘には気づかされることが多く，地方公務員として業務にあたるなかで実際に課題として遭遇したこともあった．残念ながら亡くなられたタイミングが私が研究から離れていた時期と重なってしまったことは非常に心残りではあるが，今川ゼミの皆さんとの共著の出版にあたり，今川先生を含めゼミ生同士で侃々諤々の議論ができたことは私の貴重な財産として確かに残っている．改めて今川先生のご指導に感謝するともに，ご冥福をお祈りし，哀悼の意を表したい．

真山達志先生と風間規男先生には博士論文の副査を務めていただき，多くの貴重なご指摘をいただいた．真山先生には修士論文の際も副査を務めていただいたが，その際に「総合政策科学研究科で初めて行政学の（修士）論文を見た．楽しく読ませてもらった」とコメントしていただいたことはとても励みになった．また，アメリカ行政学の能率やNPMの効率と民主主義論に関する有益な助言をいただいた．風間先生からは，PPBSや行政監察に関する興味深いお話を教えていただいた．筆者の拙い，また長文にわたる論文の審査を担っていただいたお二人の先生に厚く御礼申し上げたい．

社会人院生だったため，大学に行く機会は多くはなかったものの，院生時代には他にも多くの先生方にお世話になった．月村太郎先生とはさまざまな会合でご一緒させていただく機会が多く，研究の進め方や海外の事情など，たくさ

んのお話を聞かせていただくことができた．また，南島和久先生には山谷先生との研究会を通じて，筆者の報告内容等に対して有益なアドバイスをいただくなど，さまざま相談に乗っていただいた．お二人の先生に感謝を申し上げたい．

　本書の内容の多くは，日本公共政策学会関西支部での報告をもととしている．足立幸男先生，佐野亘先生，石橋章市朗先生，宮脇昇先生，窪田好男先生，永田尚三先生，岡本哲和先生，奥井克美先生，焦従勉先生，土山希美枝先生，上田昌史先生，祐野恵先生をはじめ，多くの先生方からそれぞれのご専門からの貴重なご指摘を賜ることができた．また，支部の例会・懇親会，また関西公共政策研究会・懇親会では，多様な分野の先生から興味深いお話をたくさん聞かせていただくことができた．また，日本行政学会や日本評価学会でも本書の内容の一部を報告する機会をいただいた．学会・研究会でお世話になった方々に，改めてお礼を申し上げる．

　また，私の所属する山谷ゼミの西本哲也さん，神田文さん，宗髙有吾さん，橋本圭多先生，北川雄也先生，鏡圭佑先生，三上真嗣さんには折に触れて助けていただいた．ゼミを通じて知り合うことができた渋谷典子さん，林やすこさんには第3章の作成にあたり資料提供やヒアリングのご協力をいだいいた．博士前期課程にサブゼミ生としてお世話になって以来の付き合いである今川ゼミの関係では，三浦哲司先生，増田知也先生，藤井誠一郎先生，米川勝利先生，山谷清秀先生，加藤洋平先生，野口鉄平先生，堀田和之さんから，研究会での報告をはじめたくさんのご助言をいただいた．皆様からのこれまでのご厚意に感謝申し上げる．

　2020年4月より私を迎えていただいた大阪国際大学経営経済学部の先生方並びに大学の教職員のみなさまには，教歴のない新米教員の私を温かく迎え入れてくださり，コロナ禍でお忙しいなかにもかかわらず，お気遣いを賜っている．深く感謝申し上げたい．このほか，これまで有形無形の支援をしていただいたすべて方に感謝の意を表したい．

　本書は，筆者の初めての単著である．末筆ながら，出版に際して多大なご尽

力いただいた晃洋書房編集部の丸井清泰氏，徳重伸氏にお礼を申し上げたい．
そして，仕事と研究の両立を理解してサポートを続け，また転職にあたっても
快く受け入れてくれた家族・親族に心からの感謝を伝えるとともに，本書を捧
げたい．

　2020年10月

湯 浅 孝 康

初 出 一 覧

【序　章　形骸化する管理】
書き下ろし

【第 1 章　評価規準としての効率概念】
「評価基準としての 'Efficiency' 概念──行政学からのアプローチ──」『日本評価研究』12(1)，2012年.

【第 2 章　評価とアカウンタビリティ】
「政策評価と管理評価──アカウンタビリティの視点から──」『同志社政策科学研究』16(1)，2014年.

【第 3 章　日本の公共部門における評価の導入と変容】
書き下ろし

【第 4 章　自治体における臨時・非常勤職員の制度改正】
「地方自治体における臨時・非常勤職員の制度改正──事前評価を通じたデザインと理論の重要性──」『日本評価研究』19(1)，2019年.

【第 5 章　自治体における働き方改革とアカウンタビリティ】
「地方自治体における「働き方改革」とアカウンタビリティ──人事委員会の役割と権限強化──」『同志社政策科学研究』21(1)，2019年.

【第 6 章　自治体における人事評価と行政責任】
書き下ろし

【終　章　よりよい管理を目指して】
書き下ろし

参 考 文 献

【邦文献】

秋吉貴雄・伊藤修一郎・北山俊哉 [2010]『公共政策学の基礎』有斐閣.

足立忠夫 [1970]「アメリカ行政学の展開過程」『法と政治』21(3).

——— [1971]『行政学』日本評論社.

——— [1976]「責任論と行政学」, 辻清明・吉富重夫・足立忠夫・阿利莫二・加藤一明・
西尾勝編『行政学講座1——行政の理論——』東京大学出版会.

出雲明子 [2016]「人事評価制度活用の課題」『クリエイティブ房総』91.

伊藤大一 [1979]「イギリス」, 辻清明編『社会経済の変化と行政の対応に関する調査研究
——マネジメント・レビューなどの管理方式を中心とする——』行政管理研究センター.

伊東光晴編 [2004]『岩波現代経済学事典』岩波書店.

稲沢克祐 [2006]『自治体の市場化テスト』学陽書房.

——— [2008]「地方自治体のNPM改革の現状と課題——経営改革と市場化における日
英比較から——」, 村松岐夫編著『公務改革の突破口——政策評価と人事行政——』東
洋経済新報社.

稲継裕昭 [1996]『日本の官僚給与システム』東洋経済新報社.

——— [2013]『評価者のための自治体人事評価Q&A』ぎょうせい.

——— [2014]「人事評価制度のあり方と評価結果の活用」『国際文化研修』82.

——— [2016]「人事評価と人材育成」『クリエイティブ房総』91.

井堀利宏 [1996]『入門ミクロ経済学』新世社.

——— [2008]『「歳出の無駄」の研究』日本経済新聞出版社.

今井貴子 [2008]「イギリスの労働組合と政治——その理念とリアリズム——」『生活経済政
策』134.

今川晃 [1993]『自治行政統制論への序曲——住民は何を統制できるか——』近代文藝社.

——— [1999]「政策の管理と価値——地方分権と市民をめぐる一断面——」『季刊行政管
理研究』86.

——— [2009]「ガバメントを創造すること——行政統制における制度設計の政策学——」
『季刊行政管理研究』125.

今里滋 [2000]『アメリカ行政の理論と実践』九州大学出版会.

——— [2008]「ソーシャル・エンタープライズとしての自治体へ」『地方自治職員研修』
41(8).

——— [2013]「"現場"からの政策学」, 新川達郎編『政策学入門——私たちの政策を考

える──』法律文化社.

今村都南雄［1997］『行政学の基礎理論』三嶺書房.

今村都南雄・武藤博己・真山達志・武智秀之［1999］『ホーンブック行政学［改訂版］』北樹出版.

岩田規久男［1993］『ゼミナールミクロ経済学入門』日本経済新聞出版社.

石見豊［2007a］「サッチャー，メージャー，ブレアの行政改革」，下條美智彦編『イギリスの行政とガバナンス』成文堂.

────［2007b］「イギリスの公務員制度の変容」，下條美智彦編『イギリスの行政とガバナンス』成文堂.

宇賀克也［2000］『情報公開法の理論［新版］』有斐閣.

宇都宮深志［1990a］「サッチャリズムと改革」，宇都宮深志編『サッチャー改革の理念と実践』三嶺書房.

────［1990b］「サッチャー政権と地方制度改革── GLC の廃止と廃止後の影響──」宇都宮深志編『サッチャー改革の理念と実践』三嶺書房.

梅川正美［1997］『サッチャーと英国政治1──新保守主義と戦後体制──』成文堂.

梅田次郎［2002］「意識改革と政策形成──三重県庁における自治体組織運営の変革プロセス──」『公共政策研究』2.

江畑謙介［2004］『情報と国家──収集・分析・評価の落とし穴──』講談社.

大住荘四郎［1999］『ニュー・パブリック・マネジメント──理念・ビジョン・戦略──』日本評論社.

大谷基道・河合晃一編［2019］『現代日本の公務員人事──政治・行政改革は人事システムをどう変えたか──』第一法規.

大森彌［2004］「身近な公共空間」，西尾勝・金泰昌・小林正弥編『公共哲学11 ──自治から考える公共性──』東京大学出版会.

────［2006］『官のシステム』東京大学出版会.

岡本哲和［2012］「二つの終了をめぐる過程──国会議員年金と地方議員年金のケース──」『公共政策研究』12.

岡山勇一・戸澤健次［2001］『サッチャーの遺産──1990年代の英国に何が起こっていたのか──』晃洋書房.

奥野正寛編［2008］『ミクロ経済学』東京大学出版会.

貝塚啓明［1992］「財政の効率化と会計検査──第4回公会計監査フォーラムの特別講演より──」『会計検査研究』5.

影山僖一［1990］「サッチャー政権下の産業政策──自由経済原則の限界と第3次産業革命──」，宇都宮深志編『サッチャー改革の理念と実践』三嶺書房.

片岡信之・齊藤毅憲・佐々木恒男・髙橋由明・渡辺峻編［2004］『ベーシック経営学辞典』

中央経済社.

加藤一明・加藤芳太郎・佐藤竺・渡辺保男［1985］『行政学入門［第2版］』有斐閣.

加藤富子［1970］「行政管理と行政広報」，田中守・加藤富子編『地方行政管理の新方向』第一法規.

加藤芳太郎［2008］『予算論研究の歩み――加藤芳太郎氏に聞く――』敬文堂.

金井利之［2006］「戦後日本の公務員制度における職階制――制度に埋め込まれた（反）調整原理――」『公共政策研究』6.

―――［2010］『実践自治体行政学――自治基本条例・総合計画・行政改革・行政評価――』第一法規.

金森久雄・荒憲治郎・森口親司編［2002］『有斐閣経済事典［第4版］』有斐閣.

金本良嗣［1990］「会計検査院によるプログラム評価――アメリカGAOから何を学ぶか――」『会計検査研究』2.

上林憲雄・奥林康司・團泰雄・開本浩矢・森田雅也・竹林明［2007］『経験から学ぶ経営学入門』有斐閣.

上林陽治［2015］『非正規公務員の現在――深化する格差――』日本評論社.

岸田民樹［2006］『経営組織と環境適応』白桃書房.

木谷晋市［1994］「GAOの監査規準の展開とその要因」『会計検査研究』9.

君村昌［1973］「イギリス公務員制度の問題点――フルトン報告についてのJ・ハーヴェイの見解――」『同志社法学』24(4).

―――［1989］「サッチャー政権下におけるイギリス公務員制度の変容と課題」『同志社法学』39 (5・6).

―――［1998］『現代の行政改革とエージェンシー――英国におけるエージェンシーの現状と課題――』行政管理研究センター.

行政管理庁編［1984］『行政管理の現況――行政管理の動向――』大蔵省印刷局.

勤務時間制度研究会編［2011］『公務員の勤務時間・休暇法詳解［第4次改訂版］』学陽書房.

窪田好男［2005］『日本型政策評価としての事務事業評価』日本評論社.

車戸實編［1984］『経営管理辞典［改訂増補版］』同文舘出版.

黒田兼一［2017］「地方公務員法の改正と人事評価制度の導入」『社会政策』8(3).

小池治［2008］「ニュージーランドにおける行政の総合性確保――『レビュー・オブ・ザ・センター』の勧告を中心に――」『会計検査研究』38.

神戸大学会計学研究室編［2007］『会計学辞典［第6版］』同文舘出版.

小早川光郎編著［1999］『情報公開法――その理念と構造――』ぎょうせい.

小堀眞裕［2002］「英国政治における戦後コンセンサスと政治意識（3・完）――1960年代から90年代にかけての有権者の争点選好の変動を中心に――」『立命館法学』282.

―――［2005］『サッチャリズムとブレア政治――コンセンサスの変容，規制国家の強ま

り，そして新しい左右軸——』晃洋書房.

佐川公也・山谷清志［2010］「『地域力再生』政策の研究と実践——政策学，行政学，評価学——」，真山達志・今川晃・井口貢編著『地域力再生の政策学——京都モデルの構築に向けて——』ミネルヴァ書房.

櫻井通晴［2007］「わが国の公的機関における効率性と有効性の必要性——管理会計による効率性と有効性追求の方法論——」『会計検査研究』36.

桜田桂［1991］「プログラム評価とわが国会計検査院による事業・施策の有効性の検査」『会計検査研究』3.

佐々木亮［2010］『評価論理——評価学の基礎——』多賀出版.

笹野健・石川英寛・山口研悟・五月女有良・三橋郁・岡航平・行村真生［2017a］「地方公務員法及び地方自治法の一部を改正する法律（平成二九年法律第二九号）について（その一）」『地方公務員月報』647.

―――――［2017b］「地方公務員法及び地方自治法の一部を改正する法律（平成二九年法律第二九号）について（その二）」『地方公務員月報』648.

―――――［2017c］「地方公務員法及び地方自治法の一部を改正する法律（平成二九年法律第二九号）について（その三）（完）」『地方公務員月報』649.

佐藤徹［2009］『自治体行政と政策の優先順位づけ——"あれもこれも"から"あれかこれか"への転換——』大阪大学出版会.

篠原総一・野間敏克・入谷純［1999］『初歩から学ぶ経済入門——経済学の考え方——』有斐閣ブックス.

下條美智彦［1985］『地方行財政見直しの処方箋』ぎょうせい.

新藤宗幸［2001］『講義 現代日本の行政』東京大学出版会.

新村出編［2008］『広辞苑［第6版］』岩波書店.

鈴木敦・岡本裕豪・安岡義敏［2001］『NPMの展開及びアングロ・サクソン諸国における政策評価制度の最新状況に関する研究——最新NPM事情——』国土交通省国土交通政策研究所.

政策評価研究会［1999］『政策評価の現状と課題——新たな行政システムを目指して——』木鐸社.

総務省［2014］「臨時・非常勤職員及び任期付職員の任用等について（通知）」

―――――［2017a］「地方公務員法及び地方自治法の一部を改正する法律の運用について（通知）」

―――――［2017b］「会計年度任用職員の導入等に向けた必要な準備等について（通知）」

―――――［2017c］「会計年度任用職員制度の導入等に向けた事務処理マニュアル（第1版）」

高畑昭男［1989］『サッチャー革命.——英国はよみがえるか——』築地書館.

竹尾隆［2002］「アメリカ合衆国における New Public Management（NPM）の展開㈡」『神奈川法学』35(2).

竹下譲・横田光雄・稲沢克祐・松井真理子［2002］『イギリスの政治行政システム――サッチャー，メージャー，ブレア政権の行財政改革――』ぎょうせい.

田中守［1976］「管理の動向」，辻清明・吉富重夫・足立忠夫・阿利莫二・加藤一明・西尾勝編『行政学講座3――行政の過程――』東京大学出版会.

田辺国昭［2001］「政策評価制度の構築とその課題」『日本労働研究雑誌』497.

―――――［2005］「中央省庁における政策評価の現状と課題――希望と失望のスパイラルを超えて――」，総合研究開発機構編『政策形成支援のための政策評価―― NIRA 型政策評価モデルの提言――』総合研究開発機構.

辻清明［1966］『行政学概論［上巻］』東京大学出版会.

―――――［1991］『公務員制の研究』東京大学出版会.

土山希美枝［2018］「市民――政策の民主的制御――」，石橋章市朗・佐野亘・土山希美枝・南島和久『公共政策学』ミネルヴァ書房.

手島孝［1995］『アメリカ行政学［復刻版］』日本評論社.

―――――［1999］『総合管理学序説――行政からアドミニストレーションへ――』有斐閣.

戸部良一・寺本義也・鎌田伸一・杉野尾孝生・村井友秀・野中郁次郎［1991］『失敗の本質――日本軍の組織論的研究――』中公文庫.

豊永郁子［1998］『サッチャリズムの世紀――作用の政治学へ――』創文社.

内閣官房［2018］「平成30年2月16日これまでの検討を踏まえた論点の整理（本体）」.

中塩達也［1970］「行政統制」，田中守・加藤富子編『地方行政管理の新方向』第一法規.

中田亨［2011］『「事務ミス」をナメるな！』光文社.

―――――［2019］『「マニュアル」をナメるな！――職場のミスの本当の原因――』光文社.

南島和久［2007］「成果主義と自治体――業績・能力評価の運用――」，武藤博己編『自治体職員制度の設計――実態に即した人事行政改革――』公人社.

―――――［2011］「府省における政策評価と行政事業レビュー――政策管理・評価基準・評価階層――」『会計検査研究』43.

―――――［2013a］「人事システム改革――能力・実績主義の論点と自治体人事政策――」『地方自治職員研修』645.

―――――［2013b］「政策評価とアカウンタビリティ――法施行後10年の経験から――」『日本評価研究』13(2).

―――――［2018］「評価――アカウンタビリティと改善――」，石橋章市朗・佐野亘・土山希美枝・南島和久『公共政策学』ミネルヴァ書房.

西尾隆［1991］「行政管理の理論」，宇都宮深志・新川達郎編『行政と執行の理論』東海大学出版会.

―――――［1995］「行政統制と行政責任」，西尾勝・村松岐夫編『講座行政学6――市民と行政――』有斐閣.

西尾勝［1976a］「効率と能率」，辻清明・吉富重夫・足立忠夫・阿利莫二・加藤一明・西尾勝編『行政学講座3──行政の過程──』東京大学出版会.

―――――［1976b］「政策評価と管理評価」『行政管理研究』2.

―――――［1990］『行政学の基礎概念』東京大学出版会.

―――――［1993］『行政学』有斐閣.

―――――［1995］「省庁の所掌事務と調査研究企画」，西尾勝・村松岐夫編『講座行政学4──政策と管理──』有斐閣.

―――――［2001］『行政学［新版］』有斐閣.

西村美香［1994］「地方公務員制度」，西尾勝・村松岐夫編『講座行政学2──制度と構造──』有斐閣.

―――――［1999］『日本の公務員給与政策』東京大学出版会.

―――――［2018］「転換期を迎えた地方公務員の定員管理」『地方公務員月報』656.

日本人事行政研究所編［2011］『諸手当質疑応答集［第12次全訂版］』学陽書房.

―――――［2012］『服務・勤務時間・休暇関係質疑応答集［第8次改訂版］』PM出版.

農林水産奨励会・農林水産政策情報センター［2006］「新しい行財政手法の合理化に関する調査研究──最終報告書──」農林水産政策研究所.

野田由美子編著［2004］『民営化の戦略と手法── PFIからPPPへ──』日本経済新聞出版社.

野村総合研究所［2006］『平成17年度政策評価調査事業（海外における政策評価と予算の連携に関する調査研究）──最終報告書──』野村総合研究所.

橋本勇［2016］『新版 逐条地方公務員法［第4次改訂版］』学陽書房.

橋本圭多［2016］「参加型評価の理論と実際」『同志社政策科学院生論集』5.

八田達夫［2008］『ミクロ経済学Ⅰ──市場の失敗と政府の失敗への対策──』東洋経済新報社.

馬場健［2006］「イギリスの行政制度」，土岐寛・加藤普章編『比較行政制度論［第2版］』法律文化社.

林和喜・柳田茂［2005］「有効性検査の現状と課題」『会計検査研究』31.

原田久［2016］「人事評価制度とこれからの人材育成」『アカデミア』116.

東田親司［2002］「新たな行政マネージメントの検討の概要と今後の課題」『大東法学』（大東文化大学），12(1).

深田和範［2010］『マネジメント信仰が会社を滅ぼす』新潮社.

藤井誠一郎［2018］「『技能労務職員の定員管理の適正化』の適正化──東京23区の清掃職員を事例として──」『季刊行政管理研究』164.

藤原静雄［1998］『情報公開法制』弘文堂.

二神恭一編著［2006］『ビジネス・経営学辞典［新版］』中央経済社.

毎熊浩一［2002］「NPM 型行政責任再論――市場式アカウンタビリティとレスポンシビリ
　　ティの矛盾――」『会計検査研究』25.

前田健太郎［2014］『市民を雇わない国家――日本が公務員の少ない国へと至った道――』
　　東京大学出版会.

牧原出［2018］「強い官邸には強い独立機関が必要だ」『中央公論』132(5).

増島俊之［1981］『行政管理の視点』良書普及会.

松並潤［1997］「民営化の動向――1980年代以降のヨーロッパを中心に――」, 今村都南雄
　　編著『民営化の効果と現実――NTT と JR――』中央法規.

真山達志［1994］「実施過程の政策変容」, 西尾勝・村松岐夫編『講座行政学 5 ――業務の執
　　行――』有斐閣.

―――［2012］「現代自治の現状と課題」, 真山達志編著『ローカル・ガバメント論――地
　　方行政のルネサンス――』ミネルヴァ書房.

―――［2013］「問題の発見と問題の分析」, 新川達郎編『政策学入門――私たちの政策を
　　考える――』法律文化社.

水谷三公［1999］『官僚の風貌』中央公論社.

源由理子［2008］「参加型評価の理論と実践」, 三好皓一編『評価論を学ぶ人のために』世界
　　思想社.

三宅太郎［1962］「O・M を中心とする外国文献」『年報行政研究』1.

―――［1974］『行政学と行政管理』酒井書店.

三宅弘［1999］『情報公開法の手引き――逐条分析と立法過程――』花伝社.

深山明・海道ノブチカ・廣瀬幹好編著［2010］『最新・基本経営学用語辞典』同文舘出版.

宮脇淳［2003］『公共経営論』PHP 研究所.

村上仰志・松田健司［2017a］「会計年度任用職員制度の導入等に向けた事務処理マニュアル
　　について（その 1）」『地方公務員月報』650.

―――［2017b］「会計年度任用職員制度の導入等に向けた事務処理マニュアルについて
　　（その 2）」『地方公務員月報』651.

村上仰志・松田健司・椋田那津希［2017］「会計年度任用職員制度の導入等に向けた事務処
　　理マニュアルについて（その 3）」,『地方公務員月報』652.

村上仰志・松田健司［2018］「会計年度任用職員制度の導入等に向けた事務処理マニュアル
　　に係る質疑応答等について」『地方公務員月報』656.

森田朗［2012］「わが国における『行政改革』の限界」『会計検査研究』46.

矢野誠［2001］『ミクロ経済学の応用』岩波書店.

山口二郎［2005］『ブレア時代のイギリス』岩波書店.

山口酉［1964］『新しい行政管理――行政管理改革の方向――』東明社.

山崎克明［1988］「サッチャー政府と公務員制・公務員労働関係――インタビュー調査の紹

介を中心に——」『季刊行政管理研究』42.

——［1990］「サッチャー政権の中央政府改革」，宇都宮深志編『サッチャー改革の理念と実践』三嶺書房.

山谷清志［1991］「行政責任論における統制と倫理——学説史的考察として——」『修道法学』13(1).

——［1997］『政策評価の理論とその展開——政府のアカウンタビリティ——』晃洋書房.

——［1999］「自治体の政策責任——アカウンタビリティとレスポンシビリティの交錯——」『年報自治体学』12.

——［2000a］「政策評価と行政学——わが国における研究と実践——」『法學新報』107(1・2).

——［2000b］「評価の多様性と市民——参加型評価の可能性——」，西尾勝編著『行政評価の潮流——参加型評価システムの可能性——』行政管理研究センター.

——［2002a］「政策評価の理論とその導入」，今村都南雄編著『日本の政府体系——改革の過程と方向——』成文堂.

——［2002b］「行政の評価と統制」，福田耕治・真渕勝・縣公一郎編『行政の新展開』法律文化社.

——［2005］「外務省大臣官房の政策管理機能——総合外交政策局とのデマケーション——」『年報行政研究』40.

——［2006］『政策評価の実践とその課題——アカウンタビリティのジレンマ——』萌書房.

——［2008a］「NPMにおいていかなる『責任』を実現するか——政策評価の実践と人材育成——」，村松岐夫編著『公務改革の突破口——政策評価と人事行政——』東洋経済新報社.

——［2008b］「ODA評価と政策評価——日本の現状分析——」，湊直信・藤田伸子編著『開発援助の評価とその課題』国際開発高等教育機構.

——［2009］「公共部門における『評価』——政策評価とNPM型業績測定——」『日本評価研究』9(3).

——［2010］「評価の基本と本質」，山谷清志編著『公共部門の評価と管理』晃洋書房.

——［2011］「政策評価の制度とその変容——『効率の主流化』——」『法學新報』118(3・4).

——［2012a］『政策評価』ミネルヴァ書房.

——［2012b］「政策終了と政策評価制度」『公共政策研究』12，61-73.

——［2014］「政策評価のメタ評価システム——客観性と評価の質——」『同志社政策科学研究』16(1).

——［2017］「参加型評価と参加型予算——ポピュリズムと18才選挙権——」『同志社政

策科学研究』19(1).

───── ［2018］「政策評価における『官』・『学』協働の可能性」『季刊評価クォータリー』47.

山脇直司［2008］「公共哲学のスタンスから見た NPM」，村松岐夫編著『公務改革の突破口
　　───政策評価と人事行政───』東洋経済新報社.

吉武啓治［2018］「過労死等防止大綱改正と地方公共団体の取組───実態把握・周知から過
　　労死等防止対策の実施に向けて───」『地方公務員月報』660.

笠京子［2002］「NPM とは何か───執政部，市場，市民による民主的行政統制───」『香川
　　法学』21(3・4).

蠟山政道［1936］『行政學原論』日本評論社.

和田明子［2007］『ニュージーランドの公的部門改革── New Public Management の検証
　　──』第一法規.

【外国語文献】

Burnham, J. and Pyper, R. ［2008］ *Britain's Modernised Civil Service,* Basingstoke: Pal-
　　grave Macmillan（稲継裕昭監訳，浅尾久美子訳『イギリスの行政改革──「現代化」
　　する公務──』ミネルヴァ書房，2010年）.

The Chancellor of the Exchequer ［1991］ *Competing for Quality: Buying Better Public
　　Service,* 1991/92, Cm 1730, London: Her Majesty's Stationery Office.

Corporate Europe Observatory and Transnational Institute eds. ［2005］ *Reclaiming Pub-
　　lic Water: Achievements, Struggles and Visions from Around the World,* Brussels:
　　Corporate Europe Observatory（佐久間智子訳『世界の「水道民営化」の実態──新
　　たな公共水道をめざして──』作品社，2007年）.

DeLeon, P. ［1983］ "Policy Evaluation and Program Termination," *Policy Studies Review,*
　　2(4).

───── ［1987］ "Policy Termination as a Political Phenomenon," in Palumbo, D. J. ed.,
　　The Politics of Program Evaluation, Newbury Park, Calif.: Sage Publications.

DeLeon, P. and Martell, C. R. ［2006］ "The Policy Sciences: Past, Present, and Future,"
　　in Peters, B. G. and Pierre, J. ed., *Handbook of Public Policy,* London: Sage Publica-
　　tions.

Department of the Environment, Transport and the Regions ［1998］ *Modern Local Gov-
　　ernment: in Touch with the People,* 1997/98, Cm 4014, London: Her Majesty's Sta-
　　tionery Office.

Frederickson, H. G. ［1980］ *New Public Administration,* University, Ala.: University of
　　Alabama Press（中村陽一監訳『新しい行政学』中央大学出版部，1987年）.

───── ［1997］ *The Spirit of Public Administration,* San Francisco: Jossey-Bass Publishers.

Gaus, J. M. [1936] "The Responsibility of Public Administration," [0] in Gaus, J. M., White, L. D. and Dimock, M. E. eds., *The Frontiers of Public Administration*, Chicago, IL: The University of Chicago Press.

Giddens, A. [1998] *The Third Way: The Renewal of Social Democracy,* Cambridge: Polity Press（佐和隆光訳『第三の道——効率と公正の新たな同盟——』日本経済新聞出版社, 1999年）.

Gilbert, C. E. [1959] "The Framework of Administrative Responsibility," *The Journal of Politics,* 21(3).

Goodnow, F. J. [1900] "Politics and Administration," in Shafritz, J. M. and Hyde, A. C. eds. [1992] *Classics of Public Administration,* 3rd ed., Pacific Grove, Calif.: Brooks/Cole Publishing Company.

Gulick, L. [1937] "Notes on the Theory of Organization," in Shafritz, J. M. and Hyde, A. C. eds., [1992] *Classics of Public Administration,* 3rd ed., Pacific Grove, Calif.: Brooks/Cole Publishing Company.

Herman, Joan L., Lynn Lyons Morris, and Carol Taylor Fitz-Gibbon [1987] *Evaluator's Handbook,* Newbury Park: Sage.

Herring, E. P. [1936] "Public Administration and the Public Interest," in Shafritz, J. M. and Hyde, A. C. eds., [1992] *Classics of Public Administration,* 3rd ed., Pacific Grove, Calif.: Brooks/Cole Publishing Company.

Hodgkinson, C. [1978] *Towards a Philosophy of Administration,* Oxford: Basil Blackwell.

Hood, C. [1991] "A Public Management For All Seasons?" *Public Administration,* 69.

Jenkins, K., Caines, K. and Jackson, A. [1988] *Improving Management in Government: The Next Steps,* London: Her Majesty's Stationery Office.

Killian, J. [2008a] "The Missing Link in Administrative Reform: Considering Culture," in Killian, J. and Eklund, N. eds., *Handbook of Administrative Reform: An International Perspective,* Boca Raton; London; New York: CRC Press.

———— [2008b] "An International Perspective on Administrative Reform," in Killian, J. and Eklund, N. eds., *Handbook of Administrative Reform: An International Perspective,* Boca Raton; London; New York: CRC Press.

Kjaer, A. M. [2004] *Governance,* Cambridge: Polity Press.

Knill, C. and Tosun, J. [2012] *Public Policy: A New Introduction,* London: Palgrave Macmillan.

Lipsky, M. [1980] *Street Level Bureaucracy: Dilemmas of the Individual in Public Ser-*

vices, New York: Russell Sage Foundation（田尾雅夫・北大路信郷訳『行政サービスのディレンマ——ストリート・レベルの官僚制——』木鐸社，1986年）.

Lonsdale, J., and Bemelmans-Videc, M.-L. [2007], "Introduction; Accountability-the Challenges for Two Professions," in Bemelmans-Videc, M.-L., Lonsdale, J. and Perrin, B. eds., *Making Accountability Work: Dilemmas for Evaluation and for Audit*, New Brunswick: Transaction Publishers.

Major, J. [1999] *The Autobiography*, London: Harper Collins Publishers.

Miller, K. J. and McTavish, D. [2014] *Making and Managing Public Policy*, Abingdon, Oxon: Routledge.

National Audit Office [1986] *Report by the Comptroller and Auditor General: The Rayner Scrutiny Programmes, 1979 to 1983*, 1985/86, HC 322, London: Her Majesty's Stationery Office.

Northcote, S. H. and Trevelyan, C. E. [1854] *Report on the Organisation of the Permanent Civil Service: Together with a Letter from the Rev. B. Jowett*, No. 1713, London: Her Majesty's Stationery Office.

Osborne, D. and Gaebler, T. [1992] *Reinventing Government: The Five Strategies for Reinventing Government*, Plume, Reading, Mass.: Addison-Wesley（高地高司訳『行政革命』日本能率協会マネジメントセンター，1995年）.

The Prime Minister and the Chancellor of the Exchequer [1968] *The Civil Service Vol. 1 Report of the Committee 1966-68*, 1967/68, Cmnd. 3638, London: Her Majesty's Stationery Office.

——— [1983] *Financial Management in Government Departments*, 1983/84, Cmnd. 9058, Lodon: Her Majesty's Stationery Office.

The Prime Minister [1991] *The Citizens Charter: Rising the Standard*, 1990/91, Cm 1599, London: Her Majesty's Stationery Office.

The Prime Minister, the Chancellor of the Exchequer and the Chancellor of the Duchy of Lancaster [1994] *The Civil Service: Continuity and Change*, 1993/94, Cm 2627, London: Her Majesty's Stationery Office.

Profitt, T. H. [1968] "Great Britain," in Ridley, F. F. eds., *Specialists and Generalists: A Comparative Study of the Professional Civil Servant at Home and Abroad*, London: Allen & Unwin.

Rawls, J. [1971] *A Theory of Justice*, Cambridge, Mass.: Harvard University Press（矢島鈞次監訳『正義論』紀伊国屋書店，1979年）.

Ridley, C. E. and Simon, H. A. [1943] *Measuring Municipal Activities: A Survey of Suggested Criteria and Reporting Forms for Appraising Administration*, Chicago: The

International City Managers' Association（本田弘訳『行政評価の基準——自治体活動の測定——』北樹出版，1999年）.

Rossi, P. H, Lipsey, M. W. and Freeman, H. E. [2004] *Evaluation: A Systematic Approach,* 7th ed., Thousand Oaks, Calif.: Sage Publications（大島巌・平岡公一・森俊夫・元永拓郎監訳『プログラム評価の理論と方法——システマティックな対人サービス・政策評価の実践ガイド——』日本評論社，2005年）.

Schick, A. [1966] "The Road to PPB: Stages of Budget Reform," *Public Administration Review,* 26(4).

Self, P. [1977] *Administrative Theories and Politics: An Enquiry into the Structure and Processes of Modern Government,* 2nd ed., London: Allen & Unwin（片岡寛光監訳，武藤博己・辻隆夫・縣公一郎訳『行政官の役割——比較行政学的アプローチ——』成文堂，1981年）.

Shim, J. K. and Siegel, J. G. [1995] *Dictionary of Economics,* New York: John Wiley & Sons（井堀利宏・粟沢尚志訳『新経済学用語辞典』新世社，1997年.

Simon, H. A. [1946] "The Proverbs of Administration," in Shafritz, J. M. and Hyde, A. C. eds., [1992] *Classics of Public Administration,* 3rd ed., Pacific Grove, Calif.: Brooks/Cole Publishing Company.

———— [1957] *Administrative Behavior: A study of Decision-making Processes in Administrative Organization,* 2nd ed., New York: Macmillan（松田武彦・高柳暁・二村敏子訳『経営行動』ダイヤモンド社，1965年）.

———— [1996] *Models of My Life,* Cambridge, Mass.: MIT Press（安西祐一郎・安西徳子訳『学者人生のモデル』岩波書店，1998年）.

Simon, H. A., Kozmetsky, G., Guetzkow, H. and Tyndall, G. [1968] "Management Uses of Figures," in Golembiewski, R. T. eds., *Public Budgeting and Finance,* Itasca, Ill.: F. E. Peacock Publishers.

Stufflebeam, Daniel L. and Chris L. S. Coryn [2014], *Evaluation Theory, Models, and Applications,* 2nd ed., San Francisco: JosseyBass.

Taylor, F. W. [1912] "Scientific Management," in Shafritz, J. M. and Hyde, A. C. eds., [1992] *Classics of Public Administration,* 3rd ed., Pacific Grove, Calif.: Brooks/Cole Publishing Company.

Thatcher, M. [1993] *The Downing Street Years,* London; New York: HarperCollins（石塚雅彦訳『サッチャー回顧録——ダウニング街の日々——［下巻］』日本経済新聞出版社，1993年）.

———— [1995a] *The Path to Power,* London; New York: HarperCollins（石塚雅彦訳『サッチャー私の半生［上巻］』日本経済新聞出版社，1995年）.

─────［1995b］*The Path to Power,* London; New York: HarperCollins（石塚雅彦訳『サッチャー私の半生［下巻］』日本経済新聞出版社，1995年）．

Treasury and Civil Service Committee［1982］*Efficiency and Effectiveness in the Civil Service Session 1981-82, 1,* 1981/82, HC236（行政管理研究センター訳『行政における能率と有効性』行政管理研究センター，1984年）．

Waldo, D.［1948］*The Administrative State: A Study of the Political Theory of American Public Administration,* New York: Ronald Press（山崎克明訳『行政国家』九州大学出版会，1986年）．

─────［1955］*The Study of Public Administration,* New York: Random House（足立忠夫訳『行政学入門』勁草書房，1966年）．

White, L. D.［1926］"Introduction to the Study of Public Administration," in Shafritz, J. M. and Hyde, A. C. eds.,［1992］*Classics of Public Administration,* 3rd ed., Pacific Grove, Calif.: Brooks/Cole Publishing Company.

Wilson, W.［1887］"The Study of Administration," in Shafritz, J. M. and Hyde, A. C. eds.,［1992］*Classics of Public Administration,* 3rd ed., Pacific Grove, Calif.: Brooks/Cole Publishing Company.

【ウェブページ】

新たな行政マネージメント研究会［2003］「新たな行政マネージメントの実現にむけて」総務省ホームページ（http://www.soumu.go.jp/main_sosiki/gyoukan/kanri/020524_2.html，2019年11月15日閲覧）．

内田良［2019］「教師への夢をあきらめた学生たち　現役教育大生のリアル　競争倍率低下時代における教育の危機」Yahoo! ニュースホームページ（https://news.yahoo.co.jp/byline/ryouchida/20190104-00110038/，2019年11月15日閲覧）．

大阪市人事委員会［2018］「労働基準法等の適用状況に関する調査の実施結果について（平成29年度）」大阪市ホームページ（http://www.city.osaka.lg.jp/gyouseiiinkai/cmsfiles/contents/0000151/151148/H29.pdf，2019年11月15日閲覧）．

閣議決定［2001a］「公務員制度改革大綱」首相官邸ホームページ（https://www.kantei.go.jp/jp/kakugikettei/2001/1225koumuin.html，2020年4月18日閲覧）．

─────［2001b］「政策評価に関する基本方針」総務省ホームページ（http://www.soumu.go.jp/main_sosiki/hyouka/hyoka_hosinhonbun.html，2019年11月15日閲覧）．

─────［2007］「経済財政改革の基本方針2007について」首相官邸ホームページ（https://www.kantei.go.jp/jp/singi/keizai/kakugi/070619kettei.pdf，2019年11月15日閲覧）．

─────［2009］「予算編成等の在り方の改革について」首相官邸ホームページ（https://www.kantei.go.jp/jp/kakugikettei/2009/1023yosanhensei.pdf，2019年11月15日閲覧）．

行政改革委員会［1996a］「行政関与の在り方に関する基準」国立国会図書館ホームページ（http://warp.ndl.go.jp/info:ndljp/pid/258151/www.soumu.go.jp/gyoukan/kanri/b_34.htm, 2019年11月15日閲覧）.

———［1996b］「行政関与の在り方に関する考え方」国立国会図書館ホームページ（http://warp.ndl.go.jp/info:ndljp/pid/258151/www.soumu.go.jp/gyoukan/kanri/b_35.htm, 2019年11月15日閲覧）.

行政改革会議［1997］「最終報告」首相官邸ホームページ（https://www.kantei.go.jp/jp/gyokaku/report-final/, 2019年11月15日閲覧）.

京都市［2016］「『はばたけ未来へ！　京プラン』実施計画第2ステージの策定について」京都市ホームページ（http://www.city.kyoto.lg.jp/sogo/page/0000196284.html, 2019年11月15日閲覧）.

京都市人事委員会［2010］「職員の給与に関する報告及び勧告について」京都市ホームページ（https://www.city.kyoto.lg.jp/jinji/cmsfiles/contents/0000258/258423/22kankoku-honbun.pdf, 2020年4月21日閲覧）.

———［2011］「職員の給与に関する報告及び勧告について」京都市ホームページ（https://www.city.kyoto.lg.jp/jinji/cmsfiles/contents/0000258/258424/23kankoku-honbun.pdf, 2020年4月21日閲覧）.

———［2012］「職員の給与に関する報告及び勧告について」京都市ホームページ（https://www.city.kyoto.lg.jp/jinji/cmsfiles/contents/0000258/258426/24kankoku-zenbun.pdf, 2020年4月21日閲覧）.

———［2013］「職員の給与に関する報告及び勧告について」京都市ホームページ（https://www.city.kyoto.lg.jp/jinji/cmsfiles/contents/0000258/258428/25houkoku-honbun.pdf, 2020年4月21日閲覧）.

———［2014］「職員の給与に関する報告及び勧告について」京都市ホームページ（https://www.city.kyoto.lg.jp/jinji/cmsfiles/contents/0000258/258427/26kankoku-honbun.pdf, 2020年4月21日閲覧）.

———［2015］「職員の給与に関する報告及び勧告について」京都市ホームページ（https://www.city.kyoto.lg.jp/jinji/cmsfiles/contents/0000258/258429/27kankoku.pdf, 2020年4月21日閲覧）.

———［2016］「職員の給与に関する報告及び勧告について」京都市ホームページ（https://www.city.kyoto.lg.jp/jinji/cmsfiles/contents/0000258/258430/28honbun2.pdf, 2020年4月21日閲覧）.

———［2017］「職員の給与に関する報告及び勧告について」京都市ホームページ（https://www.city.kyoto.lg.jp/jinji/cmsfiles/contents/0000258/258431/29honbun2.pdf, 2020年4月21日閲覧）.

————［2018］「職員の給与に関する報告及び勧告について」京都市ホームページ（https://www.city.kyoto.lg.jp/jinji/cmsfiles/contents/0000258/258432/30honbun2.pdf, 2020年4月21日閲覧）.

————［2019］「職員の給与に関する報告及び勧告について」京都市ホームページ（https://www.city.kyoto.lg.jp/jinji/cmsfiles/contents/0000257/257480/R01honbun2.pdf, 2020年4月21日閲覧）.

京都市「働き方改革」推進プロジェクトチーム［2018］「京都ならではの『働き方改革』に向けた現状分析・調査報告書」京都市ホームページ（http://www.city.kyoto.lg.jp/bunshi/cmsfiles/contents/0000241/241538/hatarakikata_report2018.pdf, 2019年11月15日閲覧）.

京都新聞［2020］「学生や高齢者多く，税収少ない京都市…予算1兆7千億円も『財政非常事態宣言』京都新聞ウェブサイト（https://www.kyoto-np.co.jp/articles/-/114330, 2020年4月22日閲覧）.

京都府人事委員会［2018a］「平成29年度 人事委員会 運営方針 達成状況」京都府ホームページ（https://www.pref.kyoto.jp/jinjii/documents/h29tasseijyoukyou.pdf, 2019年11月15日閲覧）.

————［2018b］「平成30年京都府人事委員会の『職員の給与等に関する報告・勧告』の概要」京都府ホームページ（https://www.pref.kyoto.jp/jinjii/documents/30gaiyo_1.pdf, 2019年11月15日閲覧）.

厚生労働省［2001］「脳血管疾患及び虚血性心疾患等（負傷に起因するものを除く。）の認定基準について」厚生労働省ホームページ（https://www.mhlw.go.jp/shingi/2002/09/s0906-5b2.html, 2019年11月15日閲覧）.

————［2002］「過重労働による健康障害防止のための総合対策」厚生労働省ホームページ（https://www.mhlw.go.jp/houdou/2003/05/dl/h0520-3c.pdf, 2019年11月15日閲覧）.

————［2015］「第2回過労死等防止対策推進協議会　配付資料」厚生労働省ホームページ（http://www.mhlw.go.jp/stf/shingi2/0000073184.html, 2019年11月15日閲覧）.

————［2017］「労働時間の適正な把握のために使用者が講ずべき措置に関するガイドライン」厚生労働省ホームページ（https://www.mhlw.go.jp/kinkyu/dl/151106-06.pdf, 2019年11月15日閲覧）.

————［2018a］「平成28年度介護保険事業状況報告（年報）のポイント」厚生労働省ホームページ（https://www.mhlw.go.jp/topics/kaigo/osirase/jigyo/16/dl/h28_point.pdf, 2019年11月15日閲覧）.

————［2018b］「平成29年度我が国における過労死等の概要及び政府が過労死等の防止のために講じた施策の状況」厚生労働省ホームページ（https://www.mhlw.go.jp/wp/hakusyo/karoushi/18/dl/18-1.pdf, 2019年11月15日閲覧）.

厚生労働省改革若手チーム［2019］「厚生労働省を変えるために，すべての職員で実現させ

ること．（厚生労働省改革若手チーム緊急提言）」厚生労働省ホームページ（https://www.mhlw.go.jp/content/11600000/000540524.pdf, 2020年4月22日閲覧）．

国語審議会［2000］「国際社会に対応する日本語の在り方（答申）（抄）」文部科学省ホームページ（http://www.mext.go.jp/b_menu/hakusho/nc/t20001208003/t20001208003.html, 2019年11月15日閲覧）．

国会会議録検索システム，国立国会図書館ホームページ（http://kokkai.ndl.go.jp/, 2019年11月15日閲覧）．

財務省［2019］「財政に関する資料」財務省ホームページ（https://www.mof.go.jp/tax_policy/summary/condition/a02.htm, 2019年11月15日閲覧）．

財務省再生プロジェクト本部［2019］「財務省再生プロジェクト進捗報告」財務省ホームページ（https://www.mof.go.jp/about_mof/saisei/20190627_houkoku.pdf, 2020年4月22日閲覧）．

首相官邸［2018］「働き方改革の実現」首相官邸ホームページ（https://www.kantei.go.jp/jp/headline/ichiokusoukatsuyaku/hatarakikata.html, 2019年11月15日閲覧）．

人事院［1999］「超過勤務の縮減に関する指針」人事院ホームページ（http://www.jinji.go.jp/kenkou_anzen/chokin.pdf, 2019年11月15日閲覧）．

―――――［2009］「超過勤務の縮減に関する指針について」人事院ホームページ（http://www.jinji.go.jp/kisoku/tsuuchi/15_kinmujikan/1502000_H21shokushoku73.html, 2019年11月15日閲覧）．

―――――［2016］「平成28年度　年次報告書」人事院ホームページ（https://www.jinji.go.jp/hakusho/h28/body.html, 2020年5月31日閲覧）．

―――――［2017］「平成29年度　年次報告書」人事院ホームページ（https://www.jinji.go.jp/hakusho/h29/body.html, 2020年5月31日閲覧）．

―――――［2018］「平成30年人事院勧告」人事院ホームページ（http://www.jinji.go.jp/kankoku/h30/h30_top.html, 2019年11月15日閲覧）．

人事評価研究会［2000］「人事評価研究会報告書――国家公務員の新たな人事評価システムの基本的指針について――」内閣官房ホームページ（https://www.cas.go.jp/jp/gaiyou/jimu/jinjikyoku/jinjihyouka_e.htm, 2020年4月18日閲覧）．

人事評価の活用に関する研究会［2019］「平成30年度報告書」総務省ホームページ（https://www.soumu.go.jp/main_content/000611724.pdf, 2020年4月17日閲覧）．

政策評価各府省連絡会議［2001］「政策評価に関する標準的ガイドライン」総務省ホームページ（http://www.soumu.go.jp/main_sosiki/hyouka/gaido-gaidorain1.htm, 2019年11月15日閲覧）．

総務省［2009］「政策評価の手法等に関する研究会ホームページ」国立国会図書館ホームページ（http://warp.ndl.go.jp/info:ndljp/pid/283520/www.soumu.go.jp/hyouka/kaisaimoku.htm, 2019年11月15日閲覧).

──── [2010]「『集中改革プラン』及び『18年指針』の取組状況について」総務省ホームページ（http://www.soumu.go.jp/iken/101109.html, 2019年11月15日閲覧).

──── [2013]「情報公開法の制定・施行に係る主な経緯」総務省ホームページ（http://www.soumu.go.jp/main_content/000121080.pdf, 2019年11月15日閲覧).

──── [2014]「地方公共団体における人事評価制度の導入等について」総務省ホームページ（https://www.soumu.go.jp/main_content/000295843.pdf, 2020年4月18日閲覧).

──── [2017d]「地方公務員の臨時・非常勤職員調査結果のポイント」総務省ホームページ（http://www.soumu.go.jp/main_content/000476494.pdf, 2019年11月15日閲覧).

──── [2017e]「地方公務員の時間外勤務に関する実態調査結果の公表（概要）」総務省ホームページ（http://www.soumu.go.jp/main_content/000475661.pdf, 2019年11月15日閲覧).

──── [2017f]「地方自治法等の一部を改正する法律について」総務省ホームページ（http://www.soumu.go.jp/main_content/000531702.pdf, 2019年11月15日閲覧).

──── [2018]「平成29年地方公共団体定員管理調査結果のポイント」総務省ホームページ（http://www.soumu.go.jp/main_content/000524415.pdf, 2019年11月15日閲覧).

──── [2019]「平成30年度地方公共団体の主要財政指標一覧4．全市町村の主要財政指標」総務省ホームページ（https://www.soumu.go.jp/main_content/000659497.xlsx, 2020年4月18日閲覧).

地方行政運営研究会公務能率研究部会 [2004]「地方公共団体における人事評価システムのあり方に関する調査研究──新たな評価システムの導入に向けて──」総務省ホームページ（https://www.soumu.go.jp/iken/jinzai/pdf/houkoku18.pdf, 2020年4月22日閲覧).

地方公共団体における人事評価の活用等に関する研究会 [2009]「地方公共団体における人事評価の活用等に関する研究報告書」総務省ホームページ（https://www.soumu.go.jp/main_content/000017836.pdf, 2020年4月19日閲覧).

地方公共団体における人事評価制度の運用に関する研究会 [2011]「報告書」総務省ホームページ（https://www.soumu.go.jp/main_content/000112871.pdf, 2020年4月19日閲覧).

地方公共団体における内部統制・監査に関する研究会 [2018]「地方公共団体における内部統制制度の導入・実施ガイドライン（たたき台）」総務省ホームページ（http://www.soumu.go.jp/main_content/000566318.pdf, 2019年11月15日閲覧).

地方公共団体の職場における能率向上に関する研究会 [2012]「報告書──ワークスタイルを変革する10のワークプレイス改革──」総務省ホームページ（https://www.soumu.go.jp/main_content/000152817.pdf, 2020年4月22日閲覧).

地方公務員安全衛生推進協会 [2018]「地方公務員健康状況等の現況　調査結果」地方公務員安全衛生推進協会ホームページ（http://www.jalsha.or.jp/tyosa/result, 2019年11月

15日閲覧).

地方公務員制度調査研究会［1999］「地方自治・新時代の地方公務員制度―地方公務員制度改革の方向」総務省ホームページ（http://www.soumu.go.jp/main_sosiki/kenkyu/tanjikan_kinmu/pdf/080718_1_sa1.pdf, 2019年11月15日閲覧).

地方公務員の臨時・非常勤職員及び任期付職員の任用等の在り方に関する研究会［2016］「地方公務員の臨時・非常勤職員及び任期付職員の任用等の在り方に関する研究会報告書」総務省ホームページ（http://www.soumu.go.jp/main_content/000456446.pdf, 2019年11月15日閲覧).

中央教育審議会初等中等教育分科会学校における働き方改革特別部会［2017a］「学校における働き方改革に係る緊急提言」文部科学省ホームページ（http://www.mext.go.jp/b_menu/shingi/chukyo/chukyo3/079/sonota/1395249.htm, 2019年11月15日閲覧).

―――［2017b］「参考資料4　労務管理の取組について」文部科学省ホームページ（http://www.mext.go.jp/b_menu/shingi/chukyo/chukyo3/079/siryo/__icsFiles/afieldfile/2017/11/29/1398854_44_1.pdf, 2019年11月15日閲覧).

特定非営利活動法人参画プラネット［2005］「法人概要」特定非営利活動法人参画プラネットホームページ（https://sankakudo.net/aboutus.html, 2019年11月15日閲覧).

内閣官房［1999］「行政コスト削減に関する取組方針――行政の効率化を目指して――」首相官邸ホームページ（https://www.kantei.go.jp/jp/kakugikettei/990427cost.html, 2019年11月15日閲覧).

―――［2000］「行政改革大綱」内閣官房行政改革推進本部事務局ホームページ（https://www.gyoukaku.go.jp/about/taiko.html, 2019年11月15日閲覧).

―――［2018］「公務員の定年の引上げに関する検討会」内閣官房ホームページ（https://www.cas.go.jp/jp/seisaku/teinen_kentokai/index.html, 2019年11月15日閲覧).

内閣府男女共同参画局［2017］「男女共同参画白書　平成29年版」内閣府男女共同参画局ホームページ（http://www.gender.go.jp/about_danjo/whitepaper/h29/zentai/index.html, 2019年11月15日閲覧).

名古屋市［2009］「指定管理者制度の運用に関する指針」名古屋市ホームページ（http://www.city.nagoya.jp/somu/cmsfiles/contents/0000011/11724/24shishin.pdf, 2015年1月26日閲覧).

―――［2012a］「指定管理者制度導入施設における管理運営状況の点検・評価について」名古屋市ホームページ（http://www.city.nagoya.jp/somu/cmsfiles/contents/0000011/11724/24bessatu.pdf, 2019年11月15日閲覧).

―――［2012b］「平成23年度点検評価実施結果（総務局分）」名古屋市ホームページ（http://www.city.nagoya.jp/somu/page/0000038353.html, 2019年11月15日閲覧).

―――［2013］「平成24年度点検評価実施結果（総務局分）」名古屋市ホームページ（http://

www.city.nagoya.jp/somu/page/0000050327.html, 2019年11月15日閲覧).

─── ［2014］「平成25年度点検評価実施結果（総務局分）」名古屋市ホームページ（http://www.city.nagoya.jp/somu/page/0000061327.html, 2019年11月15日閲覧).

─── ［2015］「名古屋市の施設に係る指定管理者制度」名古屋市ホームページ（http://www.city.nagoya.jp/shisei/category/50-8-0-0-0-0-0-0-0-0.html, 2019年11月15日閲覧).

日本経済新聞［2019］「「専門磨けず」見切る若手官僚　人事評価や面談不十分──働き方・霞が関の非常識(4)──」日本経済新聞ウェブサイト（https://www.nikkei.com/article/DGXMZO53986370Z21C19A2NN1000/, 2020年4月18日閲覧).

─── ［2020］「自治体財政にコロナの影（点照）」日本経済新聞ウェブサイト（https://www.nikkei.com/article/DGXMZO58297050R20C20A4L83000/, 2020年4月20日閲覧).

日本都市センター［2007］「都市財政の将来展望に関する調査研究　最終報告書」全国市長会ホームページ（http://www.mayors.or.jp/p_opinion/o_tyousakekka/2007/03/1903zaisei-index.php, 2019年11月15日閲覧).

三重県議会会議録検索システム，三重県議会ホームページ（http://www.kaigiroku.net/kensaku/gikai_pref_mie/gijiroku.html, 2019年11月15日閲覧).

文部科学省［2015］「『学校現場における業務改善のためのガイドライン』の公表について」文部科学省ホームページ（http://www.mext.go.jp/b_menu/houdou/27/07/1360291.htm, 2019年11月15日閲覧).

─── ［2016］「学校現場における業務の適正化に向けて」文部科学省ホームページ（http://www.mext.go.jp/a_menu/shotou/uneishien/detail/1372315.htm, 2019年11月15日閲覧).

─── ［2017］「学校における働き方改革に関する緊急対策について」文部科学省ホームページ（http://www.mext.go.jp/b_menu/houdou/29/12/1399949.htm, 2019年11月15日閲覧).

索　引

《著者紹介》

湯浅孝康（ゆあさ　たかやす）

1986年　京都市生まれ
2009年　同志社大学政策学部卒業
2010年　同志社大学大学院総合政策科学研究科博士前期課程修了，京都市入庁
　　　　上京区役所，教育委員会事務局に勤務
2019年　同志社大学大学院総合政策科学研究科博士後期課程単位取得満期退学
2020年　博士（政策科学）（同志社大学）
現　在　大阪国際大学経営経済学部講師

主要業績

『地方自治を問いなおす——住民自治の実践がひらく新地平——』（共著），法律文化社，
2014年.
「地方自治体における臨時・非常勤職員の制度改正——事前評価を通じたデザインと理論
の重要性——」『日本評価研究』19(1)，2019年.
「地方自治体における『働き方改革』とアカウンタビリティ——人事委員会の役割と権限
強化——」『同志社政策科学研究』21(1)，2019年.

ガバナンスと評価 10
政策と行政の管理
——評価と責任——

2021年1月15日　初版第1刷発行　　＊定価はカバーに
　　　　　　　　　　　　　　　　　表示してあります

著　者　湯　浅　孝　康Ⓒ

発行者　萩　原　淳　平

印刷者　江　戸　孝　典

発行所　株式会社　晃　洋　書　房

〒615-0026　京都市右京区西院北矢掛町7番地
電話　075(312)0788番(代)
振替口座　01040-6-32280

装丁　クリエイティブ・コンセプト　　印刷・製本　共同印刷工業㈱

ISBN978-4-7710-3437-2

山谷 清志 監修／源 由理子・大島 巌 編著
プログラム評価ハンドブック
——社会課題解決に向けた評価方法の基礎・応用——
A 5 判 260頁
定価2,600円（税別）

内藤 和美・山谷 清志 編著
男 女 共 同 参 画 政 策
——行政評価と施設評価——
A 5 判 258頁
定価2,800円（税別）

南島 和久 著
政 策 評 価 の 行 政 学
——制度運用の理論と分析——
A 5 判 226頁
定価2,800円（税別）

鏡 圭佑 著
行 政 改 革 と 行 政 責 任
A 5 判 198頁
定価2,800円（税別）

渋谷 典子 著
Ｎ Ｐ Ｏ と 労 働 法
——新たな市民社会構築に向けたNPOと労働法の課題——
A 5 判 212頁
定価2,700円（税別）

李 玲珠 著
韓国認知症政策のセオリー評価
A 5 判 204頁
定価3,500円（税別）

西山 慶司 著
公共サービスの外部化と「独立行政法人」制度
A 5 判 228頁
定価3,200円（税別）

原田 徹 著
EU における政策過程と行政官僚制
A 5 判 314頁
定価3,200円（税別）

北川 雄也 著
障 害 者 福 祉 の 政 策 学
——評価とマネジメント——
A 5 判 232頁
定価2,800円（税別）

山谷 清秀 著
公共部門のガバナンスとオンブズマン
——行政とマネジメント——
A 5 判 256頁
定価2,800円（税別）

橋本 圭多 著
公共部門における評価と統制
A 5 判 202頁
定価2,600円（税別）

━━━━━ 晃 洋 書 房 ━━━━━